Bahr, Hermann

Dostojewski und Marsyas

Ein Dialog über die Kunst und
ein Essay über die Literatur

CLASSIC PAGES

Bahr, Hermann

Dostojewski und Marsyas

Ein Dialog über die Kunst und ein Essay über die Literatur

ISBN: 978-3-86741-566-8

Auflage: 1
Erscheinungsjahr: 2010
Erscheinungsort: Bremen, Deutschland

Cover: Ausschnitt aus dem Gemälde „Apollon und Marsyas" von José de Ribera.

Dostojewski und Marsyas

Ein Dialog über die Kunst und ein Essay
über die Literatur

EUROPÄISCHER
HOCH
SCHUL
VERLAG

Inhaltsverzeichnis

Dostojewski

Einer sagt dem anderen nach, Dostojewski sei, so groß er ist, doch zu sehr Russe, um unmittelbar auf uns wirken zu können. Jeder glaubt es seiner Bildung schuldig, das Totenhaus, den Raskolnikow, allenfalls noch die Karamasoff zu kennen, wird aber abgeschreckt durch irgendetwas Fremdes, grauenhaft anlockend Barbarisches darin, vor dem er lieber noch zur rechten Zeit flieht. Es scheint, dass in diesen Werken das Geheimnis einer Nation enthalten ist, das, wer ihr nicht angehört, ja doch niemals erfühlen wird. Dieser Meinung bin ich jetzt durchaus nicht mehr; ich fand, dass es unser aller Geheimnis ist. Auch auf mich hat er anfangs fremd gewirkt, ganz anders, als wir es von unseren Dichtern gewohnt sind. Ich blieb befremdet, solange ich ihn an dieser Gewohnheit maß. Ich war mit ihm vertraut, sobald ich nicht mehr an die Kunst dachte, sondern an mein Leben. Da erinnerten mich seine Gestalten sehr stark; ich wusste freilich lange nicht, woran. Allmählich besann ich mich und es ergab sich, dass sie mich an Menschen meines Lebens erinnerten. Wo war ich nur dieser Menschenart schon begegnet? Nicht bloß in Dalmatien, an Lastträgern in Cattaro, an Schiffern und Fischern der Inseln, an Matrosen unseres Lloyd, sondern auch auf dem anderen Ufer, in Malamocco, in Chioggia. Da ist unser alter Freund, der Blinde, der morgens täglich mit seinen Wassertieren nach dem Lido lahmt und in seiner welken Hand ein paar arme Rosen für meine Frau mitbringt, weil er spürt, dass sie ihn freundlich anblickt; und er hat uns mit seinen Gefährten bekannt gemacht, lauter solchen schweigsamen, dankbaren, ergebenen Alten, einer hat Eier, einer Muscheln, einer Münzen für uns, ich darf ihnen aber nichts dafür schenken, da wären sie beleidigt, aber wenn ich ihnen etwas später was schenke, sind sie nicht beleidigt, es darf nur kein Entgelt sein. Wir können nicht viel mit ihnen sprechen, denn die Mundart ist uns fremd, sie selbst aber gar nicht; sie heimeln uns an, ich würde mich ihnen in Leid und Freud lieber anvertrauen als meinen städtischen Freunden, ja mir ist, als hätten wir irgendein tiefes Geheimnis miteinander. Und an der Nordsee fand ich sie wieder, in Holzschuhen klappernd; und tief im Winter ging ich heuer einmal aus der Ramsau über die Schwarzbachwacht nach Reichenhall, den ganzen langen Weg war da kein Mensch zu sehen, bis ich auf einen alten Bauer kam, der trieb sein Pferd, das einen Schlitten mit Säcken zog, ich schloss mich an, der war auch von Dostojewski. Und so fand ich Menschen Dostojewskis in Hallstatt, an den wunderlichen bösen Zwergen mit den großen Kröpfen, fand sie an Bettelmönchen, fand sie an spanischen Landstreichern und Hexen von der Art, die Zuloaga malt; und überall in Erdenwinkeln an Bauern, Handwerkern, Strolchen, Steinklopfern, Kindern und Narren. Alle diese franziskanischen Gestalten, so verschiedener Rassen, so verschiedener Zonen, so verschiedener Vergangenheit und Gegenwart, haben aber das miteinander gemein, dass ihnen gleichsam nur äußerlich ein Individuum angeschrieben oder aufgeklebt ist, keiner ist eigentlich eine Person, er ist nichts als Mensch, in irgendeine allgemeine Form eingerollt; öffnen wir diese, so sind wir gleich in seiner Tiefe, ja gewissermaßen noch tiefer, nämlich im Urgrund der Menschheit, aus dem empor sich sonst dann erst der besondere einzelne Mensch auferbaut. Der fehlt an ihnen, sie sind bloß Menschenstoff, mit irgendeinem Mantel behängt, aber das besondere innere Gerüst, worauf der

2

Kulturmensch so stolz ist, fehlt. Es fehlt auch in den Versen Walt Whitmans; auch sie sind alle bloß Wellen des Meeres, eine verschlingt die andere, es bleibt nichts davon als das Meer. Solche Wellen der Menschheit, von denen uns nichts als die Menschheit bleibt, sind Aljoscha und der Fürst Myschin und der alte Staretz Sossima; an ihnen ist mir zuerst bewusst geworden, dass ich die Welt Dostojewskis schon kannte, von Malamocco und von meinen Bauern her. Merkwürdig war mir aber nun, dass auch bei seinen anderen Menschen, solchen nämlich, die keineswegs wie jene sozusagen im Urwesen stecken geblieben, sondern ganz persönlich ausgeprägt sind, fast immer ein Augenblick kommt, wo auch sie genau so wirken wie jene, wo ihnen ihr gleichsam nur vorgeschobenes Individuum wieder weggezogen wird und auch von ihnen nichts mehr als der Urstoff übrig bleibt. (Dadurch wirkt ja zum Beispiel die letzte Wanderung und das Ende des Stepan Trophimowitsch, des albernen Intellektuellen in den Dämonen, so überwältigend groß.)

Jeder Mensch enthält die ganze Menschheit. In unseren großen Augenblicken, den Augenblicken der Liebe, der Selbstaufopferung, der Entrückung aus unserer irdischen Enge wird das jedermann inne. Wie könnten wir uns sonst auch in anderen wiederfinden, oft besser als in uns selbst? Wie könnte der Dichter, der Schauspieler, ja jeder Künstler sich so tausendfältig immer wieder in neue Gestalten verwandeln, hätte er sie nicht in sich? Er hört sie sprechen, er sieht sie handeln, und sie sprechen anders, als er erwartet hat, sie handeln anders, als er will, sie werden anders, als er sie geplant hat: Sie zwingen ihn, Empfindungen und

Handlungen geschehen zu lassen, deren er selbst nicht fähig ist. Aber woher nimmt er solche ihn selbst überraschende und überwältigende Empfindungen und Handlungen, wenn nicht aus sich, aus seinem eigenen unbekannten, tief verborgenen Selbst? Und wie könnte sonst irgendein Mensch an einem anderen teilnehmen, wie ihn verstehen wollen, wie sich anmaßen, jemals anderen gerecht zu werden, wenn er nicht an irgendeiner Stelle selbst schon eben jener andere wäre? Nur indem uns ein anderer Mensch dort berührt, wo wir dasselbe sind wie er, können wir mit ihm fühlen, können wir ihn erkennen, können wir ihn richten.

Jeder Mensch enthält die ganze Menschheit. Indem er sich nun aber formt, sich Grenzen steckt, sich auf einen festen Punkt zusammenzieht, muss er unter seinen eigenen Möglichkeiten wählen, er muss absondern, was er festhalten will, er muss entlassen, was er von seiner Fülle nicht brauchen kann; aus ihr holt er sich heraus wie der Bildhauer aus dem Stein die Gestalt. Jede Gestalt ist ein Verlust, ist Verarmung und Verengung. Aus der ganzen Menschheit wird ein einzelner Mensch gemacht, irgendein Teil unterwirft sich die anderen, diesem Teil wendet sich nun alle Kraft zu. In den Mythen aller Völker ist die Erinnerung an ein Paradies lebendig geblieben, an ein goldenes Zeitalter, das noch keinen Hass unter den Menschen, keinen Krieg kennt, an die Seligkeit jener Urzeit, da jeder Mensch noch die ganze Menschheit war. Und in allen Völkern ist immer noch die Sehnsucht nach einer Wiederkehr jener hellen Jugendzeit lebendig, als ob es der Mensch irgendwie tief in sich wüsste, dass er zwar, um Gestalt anzunehmen, dem ganzen Menschen entsagen, sich absondern, sich in einen

Teil, ein bloßes Stück von sich, ein Fragment zusammenzuziehen muss, dass aber dies für ihn bloß eine Prüfung ist, die er überwinden wird, um dann mit gesammelter Kraft, mit errungener Gestalt wieder zum ganzen Menschen zurückzukehren. Dies meint der ewig die Menschheit sanft begleitende, in starken Zeiten ungeduldig hervorbrechende Glaube an das dritte Reich der Verheißung.

Jeder Mensch enthält die ganze Menschheit. Aber aus diesem Stoff holt er nun seine Gestalt hervor, sie scheint ihm des Lebens höchste Lust und letzter Sinn, doch gerade sie will er keinem anderen gewähren, von jedem anderen fordert jeder, dass er nicht bloß eine einzelne Gestalt der Menschheit, sondern die ganze Menschheit sei. Wir messen unseren eigenen Wert daran, wie viel von uns wir zur Gestalt bringen, und wir messen jeden anderen daran, wie wenig er von der ganzen Menschheit verliert. Persönlichkeit achten wir an uns am höchsten, und Persönlichkeit lassen wir an anderen nicht gelten. Jeder will selbst ein einziger sein, ein einmaliger Mensch, wie noch keiner je war und keiner je mehr sein wird, jeder rühmt sich seiner Eigenheit und hegt sie, jeder liebt an sich, was ihn von den anderen unterscheidet, das macht ihn stolz und froh, aber eben das hasst jeder an anderen. Man gefällt anderen bloß gerade soviel, als man ihnen gleicht, und alle Weltklugheit läuft ja bloß darauf hinaus, dass wir die anderen nicht merken lassen, worin wir anders sind als sie, und eben das also verbergen lernen, was uns an uns selbst im Stillen für das Höchste, für das Liebste gilt, ja wodurch und wofür allein wir zu leben glauben. Nichts empört den erwachenden Jüngling so, als dass man ihm nicht gönnen will, dieser ganz besondere, nie da gewesene, bloß in diesem einen Exemplar vorhandene Mensch zu sein, zu dem er sich bestimmt fühlt, und gegen nichts wehrt er sich dabei so, als wenn auch noch ein anderer ebenso besonders und einzig sein will. Erst wer älter wird, vieles erlebt hat und anfängt, an seiner Weisheit irrezuwerden, kommt allmählich darauf, dass die anderen vielleicht ganz recht haben, ihm seine lieben Eigenheiten zu verdenken, ja, dass vielleicht bloß dieser ihr Widerstand allein ihn bewahrt hat. Goethe lässt den Geistlichen, zu dem Wilhelm Meister seinen Harfenspieler bringt, über »die Mittel, vom Wahnsinn zu heilen«, sagen: »Es sind eben dieselben, wodurch man gesunde Menschen hindert, wahnsinnig zu werden. Man errege ihre Selbsttätigkeit, man gewöhne sie an Ordnung, man gebe ihnen einen Begriff, dass sie ihr Sein und Schicksal mit so vielen gemein haben, dass das außerordentliche Talent, das größte Glück und das höchste Unglück nur kleine Abweichungen von dem Gewöhnlichen sind, so wird sich kein Wahnsinn einschleichen, und wenn er da ist, nach und nach wieder verschwinden ... Es bringt uns nichts näher dem Wahnsinn, als wenn wir uns vor anderen auszeichnen, und nichts erhält so sehr den gemeinen Verstand, als im allgemeinen Sinne mit vielen Menschen zu leben.« Einen Geistlichen lässt Goethe dies aussprechen, denn es ist eine christliche Wahrheit: dem Christentum ist jeder Mensch heilig, weil er die ganze Menschheit enthält, und jeder ist ihm sündig, weil er von der Menschheit zu sich abirrt, und jeder kann erlöst werden, wenn er aus sich wieder zur ganzen Menschheit zurückkehrt, wenn er, wie es Heinrich Suso nennt, »sich entbildet von der Kreatur«, wenn er »sich entwird«. Der tiefste Begriff des Christentums ist der der Erbsünde: Dadurch, dass ein

Mensch geboren wird, ist er schon schuldig, dadurch, dass er sich absondert und für sich sein will (wie es bei Heinrich Suso heißt: Der Teufel hat Eva verlockt, dass sie »etwas sein wollte«); Gott muss Mensch werden und selbst das Menschenleid auf sich nehmen, das Leid der Individuation, um die Menschenschuld abzubüßen, aber seitdem verlischt die Hoffnung nicht mehr, dass der Mensch sich überwinden, von sich erlösen und so mit Gott vereinen kann.

Jeder Mensch enthält die ganze Menschheit, freilich weiß er es aber nicht, denn nur einen geringen Teil von uns haben wir inne. Erziehung, Gewohnheit, Beispiel, Umgebung, Beruf, die Nötigung, andere über uns zu täuschen, ja auch uns selbst, der Wunsch, mit den Forderungen, die die Welt an uns stellt, übereinzustimmen, das Bedürfnis, uns bequem handhaben zu können, alles wirkt zusammen, um uns eine besondere Rolle zuzuweisen und uns so darin zu bestärken, als wären wir wirklich nichts anderes mehr. Nur ein starker Schlag des Schicksals, ungeheures Glück oder tiefstes Leid, reißt zuweilen für einen Augenblick unser Inneres auf und lässt uns vor dem Getümmel von Menschen erschaudern, das wir sind. Dann erkennen wir, einen Augenblick lang, was alles in uns versammelt ist, unfasslich für das winzige Ich, das wir uns herausgefischt haben, erkennen es und – wenden uns ab; wir können den furchtbaren Anblick nicht ertragen, wir wenden uns ab und verkriechen uns in unserer Enge wieder. Wie ein solches großes Schicksal tritt Dostojewski seine Gestalten an und sprengt ihre Form, reißt ihre Tiefen auf und stößt sie in das Chaos zurück, dem sie sich entwunden haben; er stellt den Urzustand wieder her.

Im Gebet geschieht es, dass der Einzelne sich zerfließen fühlt, und so spiegeln Dichter der Entrückung solches Verschweben aus der Individuation wider: der heilige Franziskus, wenn er die Sonne grüßt, oder Novalis in den Hymnen an die Nacht, Wagner im Tristan. Aber bei Dostojewski wirkt es mit einer grauenhaften, fast nicht mehr zu ertragenden Gewalt, weil diese Gestalten, die er auflöst, in Erz gegossen sind. Er hat den höchsten Sinn für Gestalt, die höchste plastische Kraft, das höchste Gefühl für die absurde Verknüpfung, die einen Menschen eben zu diesem einen, einmaligen, in aller Vergangenheit und aller Zukunft beispiellosen Menschen macht. Denn das, woran wir einen erkennen, das »Unterschiedliche«, wie Meister Eckhart sagt, ist immer etwas Unbeschreibliches, unseren Sinnen Unfassliches, unserem Verstande durchaus Absurdes. Wenn wir einen in seine sämtlichen Eigenschaften zerlegen und diese dann wieder zusammenfügen, erhalten wir ihn nicht, es fehlt noch etwas: Er nämlich fehlt. Die Summe seiner sämtlichen Eigenschaften ergibt ihn nicht, er ist mehr. Damit aus ihnen er werde, muss, indem sie verknüpft werden, noch irgendetwas dazu kommen, was den menschlichen Verstand übersteigt, ja auf ihn, wenn er es ahnt und sich nicht davor in Ehrfurcht rettet, aufreizend lächerlich wirkt. Das erbittert ja Freunde gegeneinander so, denn der Freund ist alles, was wir an ihm verstehen, aber er nimmt sich heraus, dann noch etwas dazu zu sein, etwas was wir immer, immer wieder fühlen müssen, aber niemals, niemals erkennen können, weil es keinen Zugang für den menschlichen Verstand hat. So kann man sagen, dass jeder unerkannt durchs Leben geht, unerkannt ins Grab sinkt; und auch er selbst erfährt sein eigenes Geheimnis nie. Dieses Geheimnis, diese innerste Verknüpfung und Verknotung, dieses Absurde des Einzelmenschen stellt Dostojewski mit einer Kraft dar, wie nur noch Shakespeare und Balzac. Jede Gestalt dieser Dichter ist ein Unikum, auch ihrem eigenen Schöpfer gegenüber, wodurch sie sich z. B. von den Gestalten Goethes unterscheiden: auch diese sind mehr als ihre sämtlichen Eigenschaften, aber was noch dazu kommt, ist Goethe, sie haben alle Goethes Augen, wie alle Lippen, die Leonardo malt, das Lächeln Leonardos haben. Aber Shakespeares, Balzacs und Dostojewskis Gestalten wissen von ihrem Schöpfer nichts mehr. Und nun geht aber Dostojewski her und schlägt ihren Knoten durch. Er löst sie auf, lässt ihnen aber dabei das Unauflösliche jeder Erscheinung. Er nimmt ihnen einen Augenblick ihr Antlitz ab, aber gleich darauf bindet er es ihnen wieder vor.

Stendhals Julien oder Balzacs Rubempre oder Ibsens Hjalmar haben kein geringeres Leben als irgendeine Gestalt Dostojewskis, aber der Unterschied ist: sie bleiben in ihrer Gestalt eingeschlossen und können nicht mehr heraus; aus dem ewigen Flusse geschöpft, durch die bildende Kraft des Künstlers geballt, stehen sie dann in ihrer Form still und wir hören nur allenfalls, wie das Element, gefangen, gebändigt, leise zuweilen noch glucksend an die starre Wand schlägt. Dieses innere Klopfen der Gestalten an ihrer Form ängstigt uns oft bei Hauptmann so, gar am Emanuel Quint: Jetzt und jetzt fürchten wir, dass die Form davon zerbrechen wird, und wissen nicht, warum wir es aber doch zugleich auch fast wünschen. Wagner freilich führt seine Gestalten durch die Macht der Musik aus der Enge der Gestalt hervor und erlöst sie von sich selbst, ihr Wesen überwogt ihre Form, die Gestalt zergeht in ihre Essenz, Isolde wird zur Liebe, Kundry zur Buße, nichts als Liebe bleibt von Isolden, nichts als Buße von Kundry zurück, des Meisters Eckhart leuchtendes Wort wird Ereignis: »Auf denn, edle Seele, so geh denn aus dir, so weit, dass du gar nicht wieder zurückkommst, und geh ein in Gott, so weit, dass du gar nicht wieder herauskommst!« Aber bei Dostojewski kommt sie wieder heraus, sie kehrt zu sich zurück: das ist es, wodurch Dostojewski die Menschheit auf einen neuen Weg, wodurch er uns ins Freie bringt, das ist es, wodurch er uns in der größten Krise des europäischen Gewissens die einzige Rettung zeigt.

Erzene Gestalten löst Dostojewski wieder in die ganze Menschheit auf und zieht dann aber im nächsten Augenblick die ganze Menschheit wieder in dieselbe Gestalt ein: Fortwährend nimmt bei ihm unter unseren Augen das Chaos Gestalt an, es wird hart, gleich aber erweicht sich die Gestalt und zerfließt, aber schon gerinnt der Fluss wieder, und in solchem unablässigen Wechsel scheint bald die Menschheit in einer Gestalt, bald wieder die Gestalt in der Menschheit zu verschwinden, die Menschheit atmet Gestalten ein und aus, jede Gestalt Dostojewskis ist ein ununterbrochener Zug von Geburten, Toden und Wiedergeburten. Daraus erklärt es sich auch, warum er so stark erotisch wirkt, denn eben dieses Entweichen und Wiederkehren der Gestalt, die von ihrem austretenden Inhalt überschwemmt wird, dann aber aus den absinkenden Fluten wieder emportaucht, erleben wir sonst nur in den Augenblicken der Liebeslust, wenn der Liebende, wenn die Geliebte nichts mehr als Verlangen sind, alles Eigene verlischt und uns aus den vertrautesten Zügen das Urgesicht der Menschheit fremd und ungestalt anstarrt, bis dann allmählich erst, von der seligen Selbstvergessenheit erwachend, aus dem Urweibe wieder die verschwundene Gestalt der Geliebten erscheint und staunt, an ihrer Seite den wiedergeborenen Freund zu finden. Der schrecklichsten Gewalt solcher Augenblicke erinnern wir uns unwillkürlich bei Dostojewski, denn er verfährt wie Eros: er taucht seine Gestalten in den Urgrund des Daseins hinab, ins Grenzenlose, Uferlose, wo noch nichts Form hat, in die tiefe Nacht, und wenn sie dort erloschen sind, hebt er sie drüben wieder empor und lässt es wieder tagen.

Gestalten ganz scharf abzuheben, fest einzugrenzen und in ihrer ausschließenden Einzigkeit darzustellen, dann aber einem Schicksale zuzutreiben, das ihre Form zersprengt und sie wieder in das Element auflöst, bis auf einen letzten Faden, an dem sie sich zu sich selbst zurückziehen, ist Dostojewskis Art. Damit sagt man schon, dass er das Problem unserer Zeit darstellt. Während wir nämlich eben noch in Persönlichkeit schwelgten, jeder seiner Besonderheit stolz, anders als die anderen, in sich verbohrt, ist uns plötzlich darin zu enge geworden, wir finden uns verarmt, wir fürchten auszutrocknen, und dieselbe Leidenschaft, mit der wir uns eben noch immer mehr einzogen und verengten, ergreift uns jetzt nach Ausdehnung, Enteignung und Ergießung. Wir spüren ein stärkeres Leben in uns, als unsere Gestalt fassen kann, zu ihm wollen wir aus ihr hinaus, über den geringen Teil von uns hinweg, in dem wir gefangen liegen. Das kündigen jene seltsamen, überall aufleuchtenden Zeichen einer neuen Religiosität an; Züge des dreizehnten und des vierzehnten Jahrhunderts hat unsere Zeit, mit ihrer irren Sehnsucht, die nach jeder Mystik greift, um Expansion, Explosion, Effusion. Aber solche Zeiten, wo jeder aus sich wegstürzt, um drüben ins wahre Wesen unterzutauchen, gewahren schaudernd, eben wenn sie das Wesen zu berühren glauben, dass sie ins Wesenlose fallen: Dieser Schwindel erfasst uns schon! Indem nun Dostojewski niemals größer ist, als wenn seine Gestalten auf der Flucht aus ihren Grenzen, von ihrem Inhalt überströmt, in ihm verschwindend, sich selbst entsunken, plötzlich aus dem Element wieder emporgespült und in ihr armes Ich zurückgeworfen werden, lässt er uns das tiefste Geheimnis des irdischen Zustands ahnungsvoll berühren, nämlich dass alles Leben größer ist als jede Gestalt, in die es sich drängt, dass es aber nur an Gestalten erscheinen kann, dass es also, die Gestalt verlierend, damit auch sich selbst verlieren muss, dass alles Werden immer wieder ins Sein flüchtet, dass alles Lebendige zur Gestalt verdammt bleibt, dass wir niemals »hinüber« gelangen können, ohne uns und unsere ganze Welt zu vernichten, und dass unsere wirkliche Existenz am innersten Rande des Ichs ist, noch vom Ich gehalten, aber den Blick schon im Abgrund – dieses Schweben ist der Mensch. Alle lebenssicheren Zeiten haben das im inneren Gebrauch. So geben die Griechen dem Apoll den Dionysos mit. So kehrt der heilige Franziskus aus Verzückungen zu seinen zärtlich gehegten Tieren heim. So genießt der spanische Dichter in mönchischer Einsamkeit alle Lust und Laune der verschränkten Sündenwelt; eines seiner Stücke nennt er »In diesem Leben ist alles Wahrheit und alles Lüge«, eben in diesem Gefühl, dass es ein

Leben am Rande ist, mit dem Fuß noch im Trug, doch schon hinübergebeugt. Kant hat das dann formuliert, Goethe hat es bewusst gelebt. Es geht nur den Menschen immer wieder verloren, und erst wenn die Not am höchsten ist, findet es einer wieder. Höher kann unsere Not nicht mehr steigen und siehe, da steht schon Dostojewski für sie bereit.

Ich weiß nicht, was Dostojewski für die Russen bedeutet. Ich weiß nur, was er im Ganzen der Weltliteratur ist: der Letzte (denn er war ja jünger wie Wagner), der in seiner Kunst dargestellt hat, was es mit unserem Leben ist und wie wir möglich sind. Tolstoi ist ja, solange er in der Kunst blieb, niemals ins Innere des Lebens eingedrungen, und als er es fand, nicht mehr in den irdischen Trug zurückgekehrt; er war immer entweder ganz hier oder ganz dort, niemals in der Schwebe dazwischen, die den ganzen Menschen gibt. Kunst in diesem höchsten Sinne genommen als Darstellung der Zwienatur des Menschen, sind Wagner, Whitman und Dostojewski unsere letzten Künstler gewesen. Und mit einer notwendigen und unvermeidlichen Übertreibung kann man sagen, dass Dostojewski der Dichter ist, an dem allein jetzt Europa sich wiederfinden und aufrichten kann.

Was vom Individuum gilt, gilt ebenso für die Nation. Auch in ihr verkürzt und verengt sich die Menschheit und verarmt, auch im Wesen der Nation ist es, absurd zu sein. Und wie jedes Individuum zwischen Ausdehnung und Einziehung schwebt, drängt es jede gesunde Nation bald zur Menschheit hinaus, bald wieder in sie selbst zurück. In sich selbst allein vertrocknet sie; sie muss immer wieder an der Menschheit Atem holen. Entfernt sie sich dabei zu weit von sich und verliert den letzten Faden, an dem sie dann wieder zur Beruhigung in sich selbst zurück kann, so zerrinnt sie. Individuen und Nationen sind gleich trügerisch, aber ein der Menschheit unentbehrlicher Trug, denn sie sind es, woran allein die Menschheit erscheinen kann. Es war der Irrtum des Rationalismus, dies zu verkennen. Indem er von der Nation absah, zog er dem Menschen, während er ihn über die Wolken zu heben glaubte, nur unter den Füßen den Boden weg. Die russischen Rationalisten werden Westler genannt. Dostojewski musste, mit seiner tiefen Einsicht in die Zweifaltigkeit des menschlichen Wesens, ihnen notwendig widerstreben und geriet dabei in, die Gesellschaft der Nationalisten, die freilich die menschliche Natur ebenso missverstehen, bloß auf der anderen Seite. Das Individuum wie die Nation lebt nur im Gleichgewicht von Expansion und Konzentration. Da es damals die Westler waren, die dieses Gleichgewicht störten, konnte Dostojewski, vor Angst, die losgerissen im Winde treibende Seele seines Volkes müsse verströmen und entdampfen, übersehen, dass sie, von den Nationalisten in die Enge getrieben, in sich ersticken muss. Übrigens meint er, wenn er wider das Ausland für Russland spricht, im Grunde stets einen anderen Gegensatz: den zwischen Verstand und Gefühl. Leben ist zu tief, um ausgedacht zu werden. Es setzt sich in Gefühl um, vor dem der Verstand ratlos steht; er kommt ihm mit seinen Wahrheiten nicht bei. Sie sind unbrauchbar zur Tat, sie bringen nichts hervor. Was uns tätig macht, wodurch wir bewegt und bestimmt werden, was in uns treibt, diese geheime Kraft gibt sich uns unmittelbar kund. Wir haben eine innere Notwendigkeit, die uns diese Handlung gebietet, jene verwehrt, ohne wahrnehmbaren Grund. Verletzen wir dieses Gesetz, so leiden

14

wir noch in der Erinnerung daran; ihm zu gehorchen macht uns froh, selbst bei bösen Folgen für uns; insgeheim stimmen wir alle Goethes vermessenem Wort zu: »Lieber schlimm aus Empfindung als gut aus Verstand!« Dieses innere Gesetz lässt sich erst gar nicht mit uns ein, es fragt uns nicht erst, es wirkt, wenn wir uns genau beobachten, wie eine von außen uns zusprechende, uns anherrschende Stimme gleichsam eines höheren Genius oder des Geistes unserer Ahnen oder der Volksseele, wie man nun immer sagen will; als ein übermächtiges Wesen empfinden wir es. Erfahrung zeigt aber, dass in Menschen, die sich dagegen taub stellen, um lieber auf das Urteil des Verstandes zu hören, wirklich mit der Zeit diese innere Uhr verstummt; dann schlägt in ihnen gar nichts mehr, der Verstand kann es nicht ersetzen. In ihrer Not sehnen sich solche gewichtlose, unversicherte, jedem sinnlichen Eindruck wehrlos preisgegebene Menschen nach jener Festigkeit und Gewissheit der Entschließungen zurück, die der Intellekt nicht gewahren kann. An wen aber sollten sie sich da wenden als an die noch unverfehlten Schichten, die man das Volk nennt? Volk nennt man, was noch nicht vom Intellekt angefressen ist, was noch unverbrauchte Kraft hat, was noch unmittelbar aus der Empfindung lebt. Alle großen geistigen Krisen enden so immer mit einer Flucht ins Volk. (Dante! Goethe, Herder mit dem Sturm und Drang! Die Romantik!) Natürlich geht der Intellektuelle, der den Rest seiner lebendigen Kraft vor dem Intellekt retten will, in das Volk, das er zunächst hat: in sein Eigenes. So entsteht das Missverständnis aller Nationalisten, der russischen, wie der deutschen, wie der lateinischen, als ob gerade nur in ihrem eigenen, in diesem einen Volk die Heilkraft verborgen wäre. Sie ist in allem Volk. Man lässt sich

15

nur durch den Doppelsinn dieses Namens ver-
führen, der bald das Ganze der Nation, bald den
vom Intellekt unberührt, in seiner Empfindung un-
versehrt gebliebenen, das angeborene Gesetz bewahrenden Teil bezeichnet. Diesen muss der
Intellektuelle finden, um zu gesunden. Der Franzose
Gauguin findet ihn auf Tahiti. Richard Wagner erfrischt sich in Venedig mit Gondolieren. Dostojewski wundert sich in Florenz, wie sehr italienische
Bauern seinen Russen gleichen. Dass es gemeine
Leute sind, dass sie noch das Gleichgewicht der
inneren Kräfte haben, dass sie Volk sind, darauf
kommt es an; der nächste Gassenbub tut es auch.
Nun aber die heilende Kraft, die in allem Volk ruht,
dem einen zuzuschreiben, an dem gerade man sie
selbst gefunden hat, ist der Irrtum aller
Nationalisten, des Dostojewski wie des Lagarde wie
des Barrès (ich nenne diese drei, weil sie in ihrer
politischen Gesinnung einander oft geradezu bis
aufs Wort gleichen). Dostojewski muss dies
übrigens irgendwie selbst insgeheim empfunden
haben, an manchen Stellen seiner Puschkinrede ist
er schon ganz nahe daran, es auszusprechen, dass
wir bloß ins Volk einkehren müssen, ganz gleich in
welches. Sein Nationalismus hasst nicht. Vom
russischen Volk erwartet er vielmehr, dass es den
anderen die »Allversöhnung« bringen wird. Er
rühmt die »hohe synthetische Begabung« der
Russen. Er findet im russischen Volk noch das Gefühl lebendig, dass der Mensch »nicht wie ein ge-
wöhnliches Erdentier nur sein Leben friste, sondern
mit anderen Welten und der Ewigkeit verbunden
sei«. Das fehlt ihm im übrigen Europa, das er in
Erwerb und in Genuss versunken sieht, und in
Zwietracht. »Sowohl der Franzose wie der
Engländer sieht in der ganzen Welt nur sich allein
und in jedem anderen ein Hindernis auf seinem
16

Wege; und ein jeder will bei sich allein das voll-
bringen, was nur alle Völker mitsammen voll-
bringen könnten, mit vereinten Kräften.« Er bemerkt nicht, dass er von den Franzosen, von den
Engländern eben nur die Intellektuellen kennt, und
dass sein Kampf gegen die »Westler« doch überall
in Europa gekämpft wird, ganz ebenso, wenn auch
unter anderen Namen, überall lösen sich einzelne
vom allgemeinen Schicksal los, verleugnen die
inneren Stimmen und trauen sich zu, aus dem
bloßen Verstande zu leben; überall setzt sich ihnen
die Lebenskraft des unversehrten, seine inneren
Gewissheiten ehrfürchtig bewahrenden Volkes ent-
gegen; und überall wird sich, wo nur irgendein
Volk zu sich selbst kommt und sein inneres Gesetz
erfüllen lernt, dieselbe »synthetische Begabung«
offenbaren. Wie wir aus unserer inneren Anarchie
gerettet werden könnten, das ist heute das Thema
Europas. Es ist das einzige Thema Dostojewskis. Er
glaubt bloß zu Russen zu sprechen, doch er spricht
von uns allen. Denn jene allversöhnende Ge-
meinsamkeit, auf die er in seinen reinsten Ge-
sichten, in, wie er sie nennt, »unseren Stunden
Christi« gehofft hat, ist ja schon da: in der
schöpferischen Sehnsucht aller Nationen, Volk zu
werden.

Salzburg, 2. August 1913.

Dialog vom Marsyas

Wir sahen an, was der Sammler oder wie er, aus den dunklen Zuständen der Heimat abgelöst, um betrachtend, erhorchend durch die Welt zu schweifen, sich jetzt lieber nennen hört: der Planet von der Reise mitgebracht, und waren eben dabei, uns nach diesen Fotografien und wie er sie uns, Erinnerung aus seinen Heften ergänzend, kräftig zu beleben verstand, die Zeichnungen vorzustellen, die im fünften Saal der venezianischen Akademie sind. Erst wurden die des Leonardo bewundert, wenn auch unser junger Künstler, der Respekt nicht kennt und sich immer nur an sein lautes Gefühl hält, von diesen bizarren, bald schauerlichen, bald lächerlichen, niemals natürlichen, immer heftig über irdisches Maß hinausgetriebenen Köpfen fand, sie wären nicht gesehen, sondern Leonardo hätte hier damit gespielt, menschliche Stirnen oder Nasen oder Lippen willkürlich als bloße Linien zu behandeln, an welchen er beliebig, mit Verachtung der Wahrheit, seinen Übermut ausgelassen, in einer gewiss amüsanten, aber doch die Treue des wahren Zeichners, er nannte Dürer, verletzenden Art. Doch nahm sich der Meister, bei dem wir versammelt waren, der Blätter an, indem er, ähnlicher in der Ambrosianischen Bibliothek zu Mailand und auch in unserer Albertina gedenkend und auf den Vasari verweisend, nach welchem sie keineswegs Karikaturen, sondern Abbildungen aus dem Leben wären, uns bat zu beachten, wie groß es wirke, dass diesen Zeichnungen jeder Gedanke an einen Zuschauer fehlt, und wie Leonardo sichtlich in seine Werke doch immer nur sich selbst eingetragen habe, was sein Auge sah, sein Sinn vernahm, unbekümmert, ob es gefallen oder empören würde. Wenn erzählt wird, fuhr er fort, dass er oft Verbrechern zum Galgen folgte, um die Zeichen der Todesangst auf ihren Stirnen zu sehen, oder auch dass er gern seltsam aussehende Leute, sei es, dass er in ihrem Antlitz eine besondere Tücke oder aber einen ungewöhnlich komischen Streich der Natur fand, zu sich in das Haus gelockt habe, um ihnen beim Essen mit munteren Freunden solche Späße vorzutragen, dass sie darüber und durch den Wein erregt aus vollem Halse lachen mussten, so wollen wir uns erinnern, dass er ebenso später, als ihm Lisa, die Frau des Messir Giocondo, saß, sie mit lieblicher Musik umgab, bis leise, von so süßen Tönen angezogen, Lächeln auf ihre Wangen glitt. Denn er wusste, wessen die Natur fähig ist, wenn sie gereizt wird, aber dass sie, leichten oder trägen Sinnes und auch immer gleich wieder von neuen Wünschen abberufen, es gern beim ersten Versuche vergesslich bewenden lässt, weshalb sie den strengeren Künstler braucht, um sich auszuführen und zu vollenden. Er ging ihr nach, soweit sie kommt. Oft aber ließ er sie, die schnell ermüdet, dann hinter sich zurück, und wir haben doch erst durch ihn erfahren, was aus ihr, denkt man sie aus und hilft ihr nach, alles werden kann, sowohl nach der Seite der Schönheit hin als auch wie hier nach der andern Seite; er war freilich zu tief eingedrungen, um noch das Schöne und das Andere zu trennen, bis in solchen Grund, wo diese Begriffe verloren sind. So meinte der Meister und schlug nun ein neues Blatt auf, aus jenem Skizzenbuch, das einst dem Raffael zugeschrieben war, sagend: »Hier seht her, um die Macht Leonardos zu fühlen, was sie gewesen ist, indem ihr, noch seinen rein aufnehmenden Geist in den Augen, jetzt die andern vergleicht, welche, während sie die Natur anzuschauen glauben, den Blick nicht vom Publikum lassen können. Immer fragen es ihre Gestalten: ›Bin ich nicht lieb?‹ Was es ihnen denn, geschmeichelt, auch prompt mit Bewunderung vergilt.«

Da wies der Sammler, der gerecht ist, während uns der Meister oft wiederholt, solche Tugend solle man lieber den Himmlischen überlassen, noch ein Blatt der venezianischen Sammlung her, dieses wirklich von Raffael, wie er beteuerte, nämlich den Marsyas mit dem Apoll, jenem Bild im Louvre ähnlich, das als der Raffael des Morris Moore bekannt, übrigens auch ungewiss ist, früher dem Mantegna zugewiesen, dann von manchen dem Perugino, jedenfalls als ein Umbrisches Werk erkannt. Von seinen Wanderungen und den Vermutungen der Kenner erzählte der Sammler nun, auch gab er an, worin es anders als die Zeichnung ist, auf welcher die Burg, die das Bild in blühender Gegend zeigt, die Leier, der Köcher und die Pfeile des Gottes fehlen, dieser aber dafür durch einen in seiner stillen Linie fast wie Musik süß wirkenden Stamm von seinem Gegner geschieden ist. Und dann beschrieb er uns noch mit Worten das Blatt, indem er es zugleich zärtlich, fast lüstern, von leisen Fingern anzufühlen erfreut war, um es mit allen Sinnen zu schmecken, und sprach: »Es ist in einem blassrosigen Schimmer gehalten, nur an den Haaren des Gottes dunkle, in der Landschaft aber weiß. Links sitzt Marsyas auf einem Trunk, ein turnerisch ausgebildeter junger Mensch, leicht vorgebeugt, und die leise Neigung des Körpers, die behutsam die Flöte mehr wie liebkosende Hand und der in Vergessenheit der ganzen Welt und völliger Versunkenheit erloschene Blick lassen uns die Andacht, ja fast Angst des Künstlers empfinden, der nach seinen inneren Stimmen hinlauscht; alles an ihm ist durch ein starkes Gefühl von Ergriffenheit oder Sehnsucht gebunden. Apoll aber steht aufrecht da, den rechten Arm in die Hüfte gelegt, während sich die linke Hand um seinen langen Stab schließt. Das Haupt, von dem Locken an den Hals und in den Nacken ringeln, mit bekränzter Stirne, ein wenig gesenkt, blickt er zum Bläser lässig mit unbewegter Miene hin, die freilich unser Meister, der anderes bei sich hegt, vielleicht wieder leer, am Ende sogar kokett finden wird, während mir doch ist, als ob man die leise Verachtung, in welcher sich der schaffende Geist vor den dumpfen Bemühungen unbewusster Kraft zu sichern weiß, kaum liebenswürdiger ausdrücken könnte.«

»Dies also«, fragte der Meister, »scheint dir der Sinn des Blattes zu sein?« Und lächelnd wendete er sich dem jungen Künstler zu: »Du verzeihst, wenn wir, was dich, und du hast ja für dich ganz recht, nervös macht, uns doch nicht abgewöhnen können: in Werken der Kunst einen Sinn zu suchen.«

»Da die Zeichnung vortrefflich ist,« sagte der Künstler, aufmerksam über das Blatt gebeugt, »mag sie immerhin einen haben.«

»Sie ist es«, bestätigte der Meister. »Ich verkenne Raffael nämlich durchaus nicht, wie der Planet zu glauben scheint. Es hat vielleicht kein Maler je mehr Talent gehabt. Das weiß ich schon, nur müßt ihr mir erlauben, Talent, wenn es losgelöst ist, nicht so zu schätzen, wie meistens geschieht. Wenn es nicht auf einer großen Natur ruht und durch diese sozusagen entschuldigt wird, kommt es mir eher unheimlich vor. Übrigens aber achte ich Raffael, weil er schön war und sich nicht geplagt hat. Auch an diesem Blatt gefällt mir, dass es keine Mühe zeigt, sondern jene kindlich, bisweilen freilich schon auch fast kindisch unschuldige Lust an gefälligen und angenehmen Linien, die sich dieser doch sonst so sehr verdorbene Mensch wie durch ein Wunder bewahrt hat. Gedacht aber wird er sich kaum viel dabei haben.«

»Wenn ich dich recht verstehe,« griff nun der Arzt ein, zum Sammler gewendet, »so meinst du, er stelle hier den, der seine Kunst kann und bedacht hat, gegen den nur gefühlvollen Dilettanten, oder wie wir heute sagen würden: den Künstler gegen den Naturalisten auf. Das ließe sich ja hören, aber ich würde dann doch um einen andern Marsyas bitten müssen, wie zum Beispiel ich mich erinnere,

22

dass der in Hellbrunn bei den Wasserkünsten ist, schon an die Fichte gebunden und vom Skythen, der das Messer wetzt, bedroht, wirklich ein so ruppiger Kerl, dass man dem Apollo seinen Sieg gönnt. Dagegen dieser hier, wie still und versonnen er sitzt, eher in der Haltung eines sanften bukolischen Dichters, ist mir dazu viel zu manierlich.«

»Ich gebe ja zu,« sagte der Sammler, »dass der Ausdruck niemals Raffaels starke Seite war. Was irgend eine Gestalt oder Situation, sei es der Mythen, sei es unserer Legenden, bedeuten mag, ist ihm im Grunde gleich und doch eigentlich immer nur ein Vorwand, sich in der Darstellung edel gegliederter Menschen zu ergehen. Wie seine Madonnen, unsere im Grünen oder die mit dem Stieglitz oder die schöne Gärtnerin, anmutig sitzende junge Frauen sind, so werden hier nur zwei Jünglinge gezeigt, ein innig wünschender und ein stolz verachtender, und nur leise schimmert der alte Sinn der Fabel doch noch hervor, der natürlich viel stärker an jenem gierig taumelnden Marsyas wirkt, wie ihn die Alten gebildet haben.«

»Von dir, Planet,« sagte der Meister da, »wundert es mich eigentlich, auch dich so schlechthin die Alten sagen zu hören, wie dies viele tun, da doch dir bekannt sein muß, dass es auch unter ihnen frühe und späte und zur selben Zeit wieder von verschiedenen Gesinnungen und, was wichtiger ist, immer solche von Talent und andere ohne Talent gab. Von ›den Alten‹ zu sprechen ist nicht viel klüger als von ›den Deutschen‹, zu welchen auch schließlich Wolfram von Eschenbach ebenso wie Paul Lindau gehört.«

»So will ich denn,« erwiderte der Sammler, »obwohl ich einwenden könnte, dass damals in der Kunst der Einzelne geringer, die Nation mächtiger und es, wie schon Lessing in jener Abhandlung über den Tod bemerkt hat, Sitte war, die sinnliche Vorstellung, welche ein geistiges Wesen einmal erhalten hatte, getreulich beizubehalten, dennoch will ich sagen, woran ich im Besonderen gedacht habe, nämlich an den Marsyas, wie er auf dem Relief von Mantinea erscheint. Ihr wisst, dass dies drei Platten sind, im Jahre 1887 gefunden und auf eine Stelle im achten Buche des Pausanias bezogen, nach welcher es manche für ein Werk des jungen Praxiteles behaupten, aus jener Zeit, als er mit seinem Vater und dem Xenophon in Arkadien war. Andere zweifeln das freilich an, ich aber stimme mit unserem Freunde Ubell, der es, nach der ›lautlosen‹ Art seiner Komposition, wenn schon nicht für die Hand, so doch für die Werkstatt des Praxiteles anspricht. Hier ist nun der Gegensatz ganz wunderbar ausgedrückt: Der Musen, die wie in den Genuß ihrer seligen Ruhe versunken scheinen, besonders die eine, welche sitzt, die Hände sanft an der Gitarre, und des Apoll, der, reich gekleidet, eine sehr große und kostbare Leier im Schoß, in feierlicher Stille und achtlos harrt, zum Rasen des stürmischen Marsyas, der hier wirklich der wilde Waldmensch ist, der θήρ, das Untier, das toll geworden ist, schnaubend von dampfenden Wallungen, geschüttelt durch Leidenschaft und wie verzückt, einem Derwisch gleich, den die Dämonen drehen, auf den ersten Blick als einer aus dem Schwarm des Bakchos, Sabazios oder Bassareus erkenntlich, den Sabaden und Mänaden verwandt, wie er denn bei Herodot einmal ausdrücklich der Silen und später oft schlechtweg der Satyr heißt. Oder ihr mögt euch an den im Lateran erinnern, den ihr ja doch alle kennt, den mit den Kastagnetten, der sich auch gleich als dionysisch verrät. Die Griechen haben eben immer zwischen dem Apoll und dem Dionysos geschwankt, von beiden verführt, bei keinem beruhigt, ewig unstet hin und her, und vielleicht macht dies eben ihre Kultur aus, dazwischen in der Mitte zu sein. So stellen sie bald den Pentheus auf, als eine Warnung für den Verstand, sich nicht gegen den Instinkt zu erfrechen, bald den Marsyas, um dem Instinkt mit dem Verstande zu drohen, wobei es denn nur in der Ordnung ist, wenn jenen Sieg schrankenlos musikalischer Macht die von ihr ergriffenen Dichter verkünden, diesen aber des ruhig anschauenden Gottes die Bildhauer, seine Schüler.«

»Euch hat doch dieser Nietzsche schon ganz verdreht«, sagte jetzt der Grammatiker. »Diese ganze Art, wie ihr meint, man hätte damals Statuen aufgestellt wie Tafeln für die Bürger, um sich daran in Zweifeln des Gewissens Rats erholen zu können, mag ich gar nicht begreifen. Ich sehe hier einen, der die Zither spielt, mit einem um die Wette, der die

Flöte bläst, und denke mir, dass diese beiden Gilden oder Zünfte von Musikanten, verzankt und aufgebracht, solchen Tratsch gegeneinander erfinden mochten.«

Plötzlich fiel hier der Meister ein: »Hast du eine Abbildung des Reliefs da? Ich erinnere mich nicht mehr genau.«

»Nein,« sagte der Planet, »aber du findest es im Collignon.«

Der Meister holte den Band, um nachzuschlagen, und nahm noch andere Bücher her. Indessen fuhr der Grammatiker fort: »Genügt euch das aber noch nicht, so nehmt meinetwegen an, die Athener ... denn die Geschichte ist athenisch, mit einer Spitze gegen alles böotische Wesen ... hätten damit sagen wollen, dass ihrem empfindlicheren Gehör der lärmende und aufrührerische Schall der Flöten zuwider geworden war.«

»Zuwider kaum«, sagte der Arzt. »Das stimmt nicht. Eher gefährlich. Sie haben vielleicht Furcht vor ihr bekommen. Uns wird es freilich schwer, dies zu begreifen, weil wir jetzt in der Musik noch ganz anderen Tumult gewohnt sind. Dieses ganz frische Volk aber muß von einer unglaublich empfindlichen und erregbaren Nervosität der Ohren gewesen sein, der Töne, die für uns nicht einmal mehr besonders laut sind, schon unerträglich grell und heftig klangen.«

»Das ist wahr«, bestätigte der Sammler. »Ich erinnere mich, dass Pausanias, wo er das Gemälde des Polygnot in der delphinischen Lesche beschreibt, von den Phrygern in Kelainai erzählt, sie behaupteten, es habe sich in ihrer Schlacht gegen die Galater Marsyas aus dem Flusse erhoben, in welchen er verwandelt worden, und ihre Feinde durch sein Flötenspiel geschlagen. Wie muss dem Griechen die Flöte geklungen haben, dass man ihr zutrauen konnte, durch ihren bloßen Ton ein Heer zu vertreiben!«

»Das beweist auch«, sagte der Arzt, »ihr Gebrauch in der Medizin. Sie sollen mit der Flöte Ischias geheilt haben. Besonders aber scheint sie zur Kur gegen jene merkwürdige Tollheit verwendet worden zu sein, die Enthusiasmus oder Korybantiasmus hieß. Bei solchen Erkrankungen des Gemüts, die wir uns wohl als eine Art Veitstanz zu denken haben, fanden sie, dass, um den inneren Sturm zu beschwichtigen, nichts besser als äußerer Lärm sei, wie ja auch Ammen, um unruhige Kinder einzuschläfern, sie schütteln und singend mit ihnen tänzeln, was ruhige dagegen aufwecken würde. Durch diesen Vergleich sucht uns Plato die Heilungen mit rauschender Musik zu erklären, die auch dem Aristoteles sehr interessant waren und ihn auf seinen Begriff der tragischen Katharsis gebracht haben mögen. War ihnen aber die Flöte so stark, dann verstehen wir, dass sie es rätlich fanden, sie wie ein schlimmes Gift nur als Arznei in extremis anzuwenden, die Gesunden aber vor ihr zu bewahren. Und wie wir heute in Zeitungen oder Versammlungen gegen den Tabak oder Alkohol predigen, dachten sie vielleicht zur Warnung diese Geschichte von Marsyas aus.«

Der Meister ließ nun die Bücher, in welchen er nachgesehen hatte, und sagte: »Daran denkt aber keiner von euch, wer im Symposion mit Marsyas verglichen wird? Ratet.«

»Aber natürlich,« fiel der Grammatiker ein, »Sokrates ist es, den er trunkene Alkibiades mit dem Marsyas vergleicht.«

»Ja,« sagte der Meister, »und nicht bloß an Gestalt, was, meint er frech, Sokrates selbst nicht leugnen werde, sondern auch sonst, dem Wesen nach. Denn erstens, fragt er ihn, bist du nicht ein Frevler? Gestehst du das nicht zu, so will ich Zeugen bringen. Und bist du kein Flötist? Wahrlich ein viel erstaunlicherer noch als jener. Der hat nämlich die Menschen durch die Gewalt seines Mundes mit Hilfe der Flöte bezaubert, du aber ohne Flöte durch bloße Worte allein. Dies dürfen wir ja nun freilich nicht schwerer nehmen, als es beim Mahl gemeint ist, obwohl Alkibiades noch ausdrücklich versichert, es sei nicht spöttisch vorgebracht, sondern im vollen Ernst: τοῦἀληθοῦς ἕνεκα, οὖ τοῦ γελοίον. Aber es wäre doch zu sonderbar, da wir uns einen tieferen Gegner des Dionysischen ja kaum denken können, als Sokrates war, wenn nun für das Gefühl der Athener, zu welchen Alkibiades sprach, der Marsyas, wie der Sammler glaubt, eine
28

dionysische Gestalt behauptet hätte. Doch, ich stimme sonst dem Grammatiker nicht zu, wenn er gegen Nietzsche murrt, aber darin hat er wohl recht, wir treiben dieses ewige Spiel mit dem Apollinischen und dem Dionysischen jetzt schon gar etwas arg, die bereits angefangen, zu jenen ›Prachtausdrücken‹ zu gehören, von denen Bernays einmal gespöttelt hat, dass sie jedem Gebildeten geläufig und keinem Denkenden deutlich sind. Vergesst nur auch nicht, dass die Götter der Griechen sich unablässig verwandeln, sie sind nichts Starres, sie haben keine Grenzen, sie dehnen sich aus und verfließen. Erinnert euch der vielen seltsamen Zauberer, die, durchaus dionysisch wirkend, plötzlich wieder geheimnisvoll durch irgendein Zeichen, etwa wie Abaris durch den goldenen Pfeil, doch auch dem Apoll verbunden scheinen. Denkt an Melampus, den merkwürdigen Medizinmann, den Retter der rasenden argivischen Weiber, der, seit ihm die Schlangen, während er schlief, die Ohren ausgeleckt, die Stimmen der Vögel verstand: dieser, von dem Herodot und nach dem Diodor erzählt, er zuerst habe aus Ägypten den Namen und den Dienst des Dionysos zu den Griechen gebracht, wird von Hesiod φίλτατος τῷ᾽ Ἀπόλλωνι genannt. Wie denn für das βακχεύειν, für die dionysische Verzückung und Begeisterung, die Sprache ganz ebenso zuweilen auch φοιβόλαμπτος: vom Apoll ergriffen, sagt. Oder wie wir plötzlich wieder beim Pausanias lesen, durch den Sakadas, der zuerst in Delphi das pythische Flötenspiel blies, sei der alte Hass, den

Apoll noch vom Marsyas her auf die Flöte geworfen, beschwichtigt und gestillt worden. Diese Rätsel werden wir nicht lösen und wollen darum doch lieber behutsam sein.«

»Gott sei Dank!« rief der Künstler aus. »Ein schöner junger Gott in seinem feierlichen Stolz, ein wilderregter bärtiger Mensch, genügt euch das wirklich nicht? Muss denn immer erst noch etwas bewiesen sein?«

»Halt«, sagte der Meister. »Den reinen Artisten will ich deshalb nun auch wieder nicht machen. Sehen wir uns doch einmal in aller Ruhe das Relief an und fragen dann, was uns etwa die Dichter noch über denselben Fall zu sagen wissen. Bietet sich uns daraus schließlich eine Lehre an, so weisen wir sie nicht ab; nur zwängen wir keine hinein.«

»Das will doch auch ich nicht«, bemerkte der Planet.

»Gewiß nicht,« sagte der Meister, »nur hättest du dir den Marsyas besser ansehen sollen, Lieber! Du hast ihn uns geschildert, als ob er verzückt und in jener heiligen Raserei, die wir von den thrakischen Weibern her kennen, dargestellt wäre. Einem Derwisch gleich, hast du gesagt, um die Besessenheit noch besonders auszudrücken. Und ebenso finde ich ihn bei unserem Freunde Ubell geschildert, der auch von seinen ›grotesken und eckigen Sprüngen‹ spricht, da er doch in Wahrheit … seht ihn euch, bitte, hier nur an … gar nicht tanzt oder springt, sondern vielmehr, das rechte Bein gestreckt, ins linke, das er beugt, sein ganzes Gewicht legt, wie einer, der alle Kraft zusammennimmt und pumpt und, wie wir sagen würden, ›druckt und druckt‹. Dich mag Erinnerung an jenen römischen Marsyas getäuscht haben, der aber auch bloß falsch ergänzt ist. Denkst du dir die Kastagnetten weg, die man ihm später gegeben hat, so bleibt auch an ihm nichts, das als tänzerisch oder trunken zu deuten wäre. Auch ist er keineswegs verzückt, sondern er reißt bloß das Gesicht vor Neugier und Lüsternheit nach der Flöte auf, welche die Athene weggeworfen hat. Nun, darauf komme ich noch. Hier, von Praxiteles, wird uns jedenfalls nur gezeigt, dass der Marsyas sich sehr geplagt hat. Mit welchem Erfolge, wie seine Musik eigentlich war, süß oder wild, lockend oder schreckend, sanft oder rauh, darüber sagt uns das Relief nichts. Aber auch, merkt wohl, die Dichter nirgends. Nirgends steht, dass er schlecht musiziert und durch Mangel an Kunst verspielt hätte. ›Eitel Ohrgeschinder und nichts dahinter‹ etwa, wie Wagner so sächsisch gereimt hat, und darum ›versungen und vertan‹. Keineswegs. Er ist vielmehr dem Apoll an Kunst überlegen gewesen und von diesem erst hinten herum durch einen recht athenischen Kniff überlistet und um den Erfolg betrogen worden. Nämlich, Diodor erzählt dies so: Anfangs spielen sie redlich um die Wette, Apoll auf der Zither, Marsyas auf der Flöte, und da ist es Marsyas, der die Richter gewinnt, die Flöte klingt ihnen schöner, bis Apoll plötzlich den Einfall hat, zur Zither nun auch noch zu singen; umsonst wehrt sich Marsyas, dass dies nicht verabredet sei, der schlaue Gott wendet ein: Wir tun doch dasselbe, die Bedingungen sind gleich, wir gebrauchen beide die Finger und den Mund, die Finger beide zum Spielen, den Mund du zum Blasen, ich zum Singen; passt dir das nicht und willst du, dass ich schweige, so tu aber auch du den Mund zu und zeige, was du mit den bloßen Fingern kannst. Die Richter lachen, und der arme brave Marsyas ist blamiert.«

»Mordsgaukler«, sagte der Künstler, »müssen diese Griechen schon gewesen sein.«

»Immer der Erste zu sein«, erwiderte der Meister, »und vorzustreben den andern, heißt es schon im Homer. Dies wird dem Achill und dem Glaukos von den Vätern mit in den Krieg gegeben, und dies ist den Griechen immer der höchste Wunsch geblieben. Immer der Erste zu sein, sich in allen Lagen zu behaupten, Sieger zu bleiben. Wie, war ihnen ziemlich gleich. Man wurde bei ihnen ein Held nicht nur durch die Kraft, sondern ebenso durch Witz: Odysseus steht neben dem Achill. Und wenn also der Fall des Marsyas schon etwas lehren soll, so wäre dies nur: Es entscheidet nicht, was du kannst; nicht der Stärkere an Kunst, sondern der Klügere an List behält Recht. Und es könnte vielleicht die Flöte gerade darum gewählt worden sein, weil die mächtiger als die Zither klang, um erst recht den wachen Apoll zu zeigen, der auch mit der schlechteren Waffe noch zu siegen verstand.«

»Das hört sich hübsch an,« bemerkte der Planet, »stimmt aber wohl auch nicht recht. Wir wissen doch, dass in der Tat, der Grammatiker hat es schon gesagt, die Flöte zur Zeit des Alkibiades in Athen aus der Mode und in Verruf kam, wie Plutarch erzählt.«

»Aber warum?« fragte der Meister. »Das ist die Frage. Weil sie ihnen gefährlich wurde, hat der Arzt gemeint. Ich weiß nicht; die Griechen haben doch sonst keine Gefahr gescheut, und Thukydides läßt den Perikles in der großen Rede dies besonders an den Athenern rühmen, dass sie die Gefahren kennen, aber vor keiner zurückweichen. Nun sehen wir uns dazu noch einmal den Marsyas an, der im Lateran ist. Er wird jetzt allgemein für eine Kopie nach dem Myron genommen, aus einer Gruppe, die dieser auf der Akropolis hatte, wie wir, eine Stelle des Pausanias mit einer im Plinius vergleichend, wohl annehmen dürfen. Sie ist uns übrigens in Nachbildungen auch auf Münzen und auf einer rotfigurigen Vase erhalten, welche in einem Grabe bei dem attischen Ort Vari gefunden und ins Berliner Museum gebracht wurde. Auch musst du im fünften Saal des Athenischen Museums, wo das Eleusinische Relief ist, beim Pfeiler rechts, vor dem die Lenormantsche Athene steht, im Winkel eine große marmorne Vase gesehen haben, recht zerhauen und verstoßen freilich, welche dieselbe Szene zeigt: Athene hat die Flöte mit Abscheu weggeworfen, Marsyas eilt lüstern neugierig her und will darnach greifen, sie wehrt es ihm drohend, er taumelt vor ihrem Zorne zurück, zögert aber doch, ihr zu gehorchen, weil er seine Lust kaum beherrschen kann, und steht so zwischen Furcht und Gier, leidenschaftlich abgeschreckt und angelockt zugleich, was eben mimisch auszudrücken auch offenbar den Künstler der Lateranischen Figur gereizt hat. Ich aber frage nun wieder: warum? Warum wehrt es ihm die Athene? Was geht mit ihr vor? Warum zürnt sie? Was hat sie gegen die Flöte plötzlich, die sie selbst doch erfand? Denn dies wissen wir ja aus dem Pindar, welcher im zwölften der pythischen Gesänge, der Midas, dem Akragantiner, einem Flötenspieler, gewidmet ist, uns erzählt: Als Perseus, von der Athene geschirmt, das Haupt der Medusa schlug, hätten ihre Schwestern, Stheno und Euryale, so furchtbar aufgeseufzt und ihre Schlangen so wimmernd vor Leid gezischt, daß Athene, diesen ἐρικλάγκταν γόον immer noch im Ohr, ihn nicht mehr vergessen konnte, bis sie ihn zuletzt auf dem Rohre nachgeahmt. Seitdem war ihr die Flöte lieb. Und nun plötzlich aber diese Wut auf sie? Woher? Warum? Auch dies wissen wir von den Dichtern. Als sie nämlich, sagen diese, sich einst wieder, an einem Bache, in den Tönen der geliebten Flöte gefiel, habe sie sich im Wasser erblickt und sei zurückgeprallt, entsetzt, wie hässlich durch das Blasen aus vollen Wangen ihr edles Gesicht verzerrt erschien: da habe sie das Rohr ergrimmt verworfen und mit einem fürchterlichen Fluche jeden verwünscht, der jemals wieder nach ihm greifen würde. Dies ist, meine ich, der Sinn des Marsyas.«

»Dies wäre der Sinn?« fuhr da der Künstler heftig auf. Und er wiederholte: »Dies meinst du?« Dann aber fasste er sich und sagte, sogleich wieder lächelnd: »Vielleicht ... mag ja sein; ich weiss nur nicht, warum mir das so seltsam ist. Und eigentlich, dass ich es nur bekenne: eigentlich fast unangenehm.«

Da nahm ihn der Meister am Ohr, zog ihn ein wenig und sprach: »Mit Recht! Denn es handelt von dir, und dich geht es an. Dich zuerst, Lieber!«

Dann fragte der Planet: »Also wäre Marsyas der Künstler? Ich kann aber noch nicht recht verstehen, wohin du willst. Denn was ist dann Apoll?« »Gleich«, sagte der Meister. »Nur ein wenig Geduld, eines hübsch nach dem andern. Also diese Geschichte, wie Athene ihr Gesicht vom Blasen verzerrt im Wasser erblickt, mögt ihr in den Fasten des Ovid nachlesen. Was sie aber bedeutet, sagt Plutarch heraus, im zweiten Kapitel des Alkibiades. Hier hören wir, wie dieser Knabe, als er in die Jahre kam, wo es an das Lernen geht, den anderen Lehrern gern gehorsam war, aber dem auf der Flöte sich entzog, weil er es für unedel und gemein hielt, sie zu spielen, da durch die Leier und den Kiel, übt man sie, nichts an der Haltung oder Gestalt verdorben werde, die einem freien Manne geziemen, wenn aber ein Mensch mit dem Mund in die Flöte bläst, das Gesicht sich so verziehe, dass es selbst für den vertrauten Freund kaum mehr zu erkennen sei.

Auch könne man zur Leier singen und sagen, während die Flöte die Stimme verstopft und das Wort erstickt. Lasst darum die Söhne der Thebaner blasen, rief er aus, die nicht zu reden wissen: wir in Athen stammen von der Athene und dem Apoll, sie warf die Flöte weg, er schund den Flötisten! Solches, zum Spaß und doch halb im Ernst gesagt, lief unter den Knaben der Stadt herum, und bald stimmten alle dem Alkibiades zu, die Flöte zu verachten und ihre Schüler zu verhöhnen, wodurch sie denn, erzählt Plutarch, allmählich ganz aus den freien Künsten verfiel. Erinnern wir uns nun, dass doch derselbe Alkibiades seinen geliebten Sokrates mit dem Marsyas an Kunst vergleicht und die hohe Macht der Flöte ausdrücklich rühmt, so wird uns klar, dass durch jene Legende keineswegs ihre Musik getadelt oder verfemt werden soll, wohl aber der Musikant, der sie macht. Jene ist schön, aber um den Preis, dass dieser hässlich wird; was der Freie zu teuer findet. Erlaubt mir aber, euch ausdrücklich zu bemerken, dass ich ja jetzt nicht meine Meinung zu diesen Dingen sagen will, sondern die der Griechen. Wir denken, dass, wer ein Werk wirkt, das wir loben, auch selbst zu loben sei. Sie trennten das. Die Kunst galt ihnen viel, nicht der Künstler. Χαίροντες τῷ ἔργῳ τοῦ δημιουργὸν καταφρονοῦμεν, sagt Plutarch: ›Wir schätzen ein Werk und verachten seinen Schöpfer.‹ Und er fährt fort, hört zu und passt gut auf, ihr vernehmt hier den tiefsten Sinn der Griechen: ›Wie wir uns ja auch an Salben und Purpur erfreuen, deren Köche und Färber deswegen aber doch für uns gemeine Banausen bleiben.‹ Und ebenso, gleich darauf: ›Kein anständiger junger Mensch, der den Zeus in Pisa oder die Hera in Argos sieht, wird sich deshalb wünschen, ein Phidias oder Polyklet zu sein: denn wenn uns ein Werk angenehm und gefällig ist, braucht darum doch noch keineswegs sein Schöpfer unsere Nacheiferung zu verdienen.‹ So Plutarch im ersten und zweiten Kapitel seines Perikles, und ihm sagt es, fast auf das Wort, Lukian nach. Diesem seien, als er die Schule verließ und nun sein Vater mit den Freunden beriet, was aus ihm werden sollte, nach seiner Lust, Wachs zu kneten, geneigt, ihn zu einem Oheim zu geben, der ein tüchtiger Bildhauer war, da seien ihm im Traum zwei Frauen wunderlich erschienen, die eine, schmierig und struppig, die Kunst, die andere aber, welche sehr schön und von edler Haltung und feierlich gekleidet war, die Bildung; sie hätten um ihn gezankt, dass er fast von ihnen zerrissen worden wäre, die Bildung aber habe gesagt: ›Folgst du der Kunst, so wirst du stets ein unscheinbarer und bedrückter Mann sein, um den kein Freund wirbt, vor dem keinem Feind bangt, auf den kein Bürger blickt, nur so einer aus der Menge, der sich immer bücken muss und immer schmeicheln muss und immer Angst wie ein Hase hat; und würdest du selbst den Phidias erreichen oder den Polyklet und hättest die schönsten Werke getan, so lobt man zwar deine Kunst, nicht aber dich, und kein vernünftiger Mensch wird sich wünschen, so wie du zu sein. Was denn den Lukian auch wirklich bestimmt, die Kunst zu verlassen, um lieber zu werden, was wir jetzt einen Journalisten nennen würden. Ich aber möchte dich, mein Künstler, hören, wäre heute ein Journalist so kühn, einen solchen Traum zu haben.«

Die anderen lachten, aber der junge Künstler sagte, dringend und ungeduldig: »Nur erst weiter, lass hören, ich bin begierig.«

Der Meister nickte und sprach: »Ganz recht. Erst wollen wir alles vernehmen, was uns die Griechen darüber zu sagen haben. Da ist nun die Reihe an Aristoteles, der auch von der Athene Missgeschick mit der Flöte weiss. Er meldet es im achten Buche der Politik, welches von der Erziehung handelt. Merkwürdig ist nun, wie er, der ja doch nirgends nach besonderen eigenen Gedanken, sondern überall bloß die geläufigen mittleren Meinungen der Gebildeten fast pedantisch darzulegen strebt, hier der Musik nur zögernd und als ob er Bedenken hätte, einen Wert für die geistige Bildung der Tugend zuzumessen sich erst allmählich entschließen kann. Erinnern wir uns, was sie noch dem Plato war, der sie für so wichtig hielt, dass er sich ihre Gesetze nicht geändert denken konnte als nur zugleich mit der gesamten Ordnung des Staates, was auch wieder nur aus jener über alles empfindlichen Nervosität der griechischen Ohren zu erklären ist. Bedenken wir dies, so will es uns wundern, wie misstrauisch sich Aristoteles anfangs gegen sie stellt, als sei sie ›ohne einen ernsten Zweck‹ und nur etwa wie ›Schlaf und Wein‹ hinzunehmen, über welcher er den Euripides zitiert:

sie sind ›angenehm und wiegen die Sorge im Schlummer‹; und so nennt er die Musik ein ›sehr großes Vergnügen‹, mit Recht gesellig angewandt, ›weil sie das Herz erfreut‹, und zählt sie den ›unschädlichen Freuden‹ zu, lobt die ›Erholung‹, die sie gewährt, und heisst sie dann wieder ›ein Vergnügen physischer Art‹ und drückt sich lange herum, bis er ihr zuletzt doch auch noch einen ›edleren Zweck‹ gibt, nämlich den: ›auf die Sittlichkeit und auf die Seele zu wirken‹. Als er nun aber endlich so weit ist, darum doch dem Unterricht im Musikalischen zuzustimmen, zweifelt er erst doch wieder, ob es ein Unterricht bloß im Genießen oder einer auch zur Ausübung der Musik zu sein habe, und lässt er diese schließlich zu, so doch nur aus recht verdächtigen Gründen, erstens nämlich, weil es schwierig sei, richtig zu schätzen, was man nicht selbst getrieben hat, zweitens aber, weil die Kinder eine Unterhaltung brauchen; darum, sagt er, hat ja auch Archytas die Klapper erfunden, die man den Kindern reicht, damit sie, mit ihr beschäftigt, im Hause nichts zerbrechen sollen, denn die Jugend kann keine Ruhe geben, und was also die Klapper für die Kleinen, mag für die Größeren die Musik sein; später, sind sie erst reif, geben sie es schon von selbst auf und üben sie nicht mehr aus, sondern hören ihr nur zu und haben so doch ihre Schönheit richtig genießen gelernt. Dies ist es offenbar allein, was auch ihm eines freien Mannes würdig scheint: die Kunst zu genießen, nicht sie auszuüben. Zeus singt ja auch nicht, sagt er ausdrücklich. Zeus spielt auch nicht die Zither, und wer dies tut, den halten

wir für einen Banausen und, es zu tun, für unwürdig eines Mannes, es sei denn, dass er einen
Rausch hat oder einen Spaß macht. Was er aber
unter banausisch versteht, hat er schon früher einmal gesagt, nämlich jedes Werk, jede Kunst und
Wissenschaft, welche den Leib oder die Seele oder
den Geist der freien Männer untüchtig zur Tugend
machen. Mit Maß, meint er, μέχρι τινός, bis zu
einem gewissen Grade könne ein freier Mann
manche der Künste und Wissenschaften schon
treiben, nur nicht, dies sind seine Worte, nur nicht
gründlich und genau. Weshalb er denn auch zuletzt
ausdrücklich lobt, was aus den alten Zeiten von der
Flöte überliefert wird. Athene, sagt er, die sie erfand, warf sie weg, und es ist hübsch, οὐ κακῶς μέν
οὖν ἔχει, dass sie dies getan haben soll: erzürnt
über die Verunstaltung ihres Gesichtes.«

»Nun müsste man aber«, warf hier der
Grammatiker ein, »freilich erst noch zu erfahren
trachten, ob es nicht am Ende bloß die Späteren
sind, die, schon platonisch verdorben, solches über
die Kunst dachten.«

»Nicht über die Kunst,« sagte der Meister, »nur
über den Künstler, verwechselt mir das nicht: Man
schätzt die Kunst und verachtet den Künstler, weil
er, um das Schöne zu schaffen, es nicht könne, ohne
selbst hässlich dadurch zu werden. Das ist die
Meinung, davon reden wir. Und da fällt mir ein,
was uns neulich der Planet aus dem Herodot
erzählte, erinnert ihr euch? Von der schönen

Agariste, der Tochter des Tyrannen Kleisthenes. Um sie warben viele, aber Hippokleides aus Athen, der dem prüfenden Vater mehr als alle anderen Freier gefiel, bekam sie dennoch nicht: Denn er tanzte zu gut, besser als einem freien Manne geziemt. Womit doch auch wieder gewiss nicht der Tanz getadelt sein soll, den alle bewunderten, sondern was wohl auch wieder nur heisst, dass es unedel sei, mehr zu können, als sich mit der ruhigen Schönheit des Edlen verträgt. So Herodot. Wenn du aber, Planet, noch einen älteren Zeugen willst, so nimm Homer, wie bei dem Hephaistos, der κλυτοτέχνης der Vater der Kunst, erscheint: das rußige Ungetüm, lahm, plump auf dünnen Beinen, mit schwerem Nacken, von zottiger Brust. Hephaistos, der Künstler unter den Göttern, ist der einzige hässliche Gott, und noch auf der vatikanischen Herme, der wir die schöne Betrachtung Heinrich Brunns verdanken, sehen wir sein mächtiges Haupt mit der spitzen Mütze der Matrosen und Knechte bedeckt: der Künstler blieb für alle Zeit, selbst als Gott, ins gemeine Volk verwiesen.«

»Also doch!« rief jetzt der Künstler aus, unwillig erregt. »Willst du doch darauf hinaus! Mir war es schon lange verdächtig. Schon lange spüre ich, dass ihr in eurer radikalen Skepsis nun am Ende auch an der Kunst zu zweifeln beginnt. Aber was bleibt denn dann noch? Das trügerische Wort, das alles beweisen oder nach Belieben vernichten kann und in leeren Dunst zergeht. Möglich, dass die Griechen den Künstler verachteten. Wer aber hatte den Nutzen davon? Der Sophist. So weit wären wir nun also.«

»Wo ist deine schöne Ruhe hin?« fragte der Meister. »Du lachst uns sonst aus, wenn wir hitzig sind. Und ich habe doch nur versucht, ganz gelassen die griechische Meinung vorzubringen.«

»Lass sie mich lieber«, sagte der Arzt, »noch einmal wiederholen, ob wir dich auch recht verstanden haben. Im Zank des Apoll mit dem Marsyas den Sieg bewusster Kunst über das dumpfe Gefühl zu sehen, wie der Planet will, weigerst du dich, weil es ja gar nicht Marsyas ist, der die Flöte erfand, sondern die helle Athene, der wir doch, heisst es beim Aristoteles einmal, die Wissenschaft und die Kunst zuschreiben. Auch könne nicht gemeint sein, die Flöte hätte schlecht geklungen, dies hast du uns aus den alten Nachrichten widerlegt. Ferner scheint dir der Marsyas, sowohl des Reliefs wie der lateranischen Figur, keineswegs einer, der schwärmt und sich verzückt, sondern du siehst ihm an, wie ernst es ihm um die Kunst ist und wie er sich mit ihr plagt, mehr als er verträgt. Und dies erinnert dich an den Zorn der Athene, da sie durch die Mühe, die das Blasen macht, ihr reines Antlitz verzerrt sah. Auf den Aristoteles gestützt, gehst du nun bis zum Hephaistos hinauf, durch welchen schon die Griechen gesagt hätten, das Schöne hervorzubringen mache hässlich, weshalb es unwürdig eines freien Mannes sei.«

»Nein,« sagte der Sammler, »so wohl nicht. So kann es nicht gemeint sein. Ich wenigstens will den Meister anders verstanden haben. Apoll, der siegt, ist ja doch auch Künstler. Nicht also gegen diesen geht es, als ob, wie du gesagt hast, Schönes nur um den Preis, selbst dadurch hässlich zu werden, zu schaffen sei; nicht Kunst auszuüben, denn dies tut auch Apoll, wird getadelt, sondern nur ein besonderer Betrieb der Kunst, der des Marsyas, der auf der Flöte, nämlich der, welcher auf Kosten der Schönheit geschieht, während jener des Apoll mit der Zither, welcher des Künstlers Schönheit schont, gepriesen wird. Weshalb ich auch, lieber Künstler, gar nicht weiss, was dich so verdrießen mag. Es sei denn, dass du ein schlechtes Gewissen hast, das dich schilt, auch, indem du Schönes wirkst, an der eigenen Schönheit zu verlieren, auch du!«

»Ich bin Maler«, sagte der Künstler mürrisch. »Das schmutzt die Finger. Aber man wäscht sie.«

»Durch ungeduldigen Witz«, warnte der Meister, »wirst du mir nicht entkommen. Oder hättest du nicht bemerkt, dass es auch geistig gemeint sein könnte? Von Werken nämlich, welche das Gemüt des Künstlers verstören, sodass er um ebensoviel innere Schönheit, als sein Werk den Menschen bringt, ärmer zurückbleibt?«

Der Meister schwieg, der Künstler sah auf, und sie verweilten Auge in Auge. Aber dann senkte sich der Künstler und sprach: »Ich war töricht. Du hast recht. Es wird nicht besser, wenn ich es mir ver-

43

schweigen will. Man hört nur nicht gern von andern plötzlich, was man mit sich selbst noch nicht ausgemacht hat. Dies aber quält nun alle, die jetzt schaffen. Wohlan denn und grausam gefragt, ob wir nicht durch unsere Werke schlechter werden. Antworte, Meister, ich bin bereit.«

»Nun nimmst du es gleich wieder ganz persönlich,« sagte der Meister lächelnd, »ich aber möchte lieber zuerst noch ein bißchen bei den Griechen bleiben. Mir fällt nämlich ein, es könnte nützen, auch zu erfahren, wann es denn wohl eigentlich war, dass in Athen die Verachtung der Flöte begann. Dies wird in die Olympiade 84 gesetzt, 444 v. Chr., also: als Perikles auf der Höhe war. 447 fing er den Parthenon an, 438 wurde bei den großen Panathenäen die Athene des Phidias enthüllt. 437 wurden die Propyläen und wohl auch schon der Tempel der Nike begonnen. 449 war Kimon, 448 Themistokles gestorben, 443 wird Thukydides verbannt. Perikles herrscht. Die Perser sind abgewehrt, noch wagt der Neid sich nicht an Athen, es ist Friede. Und nun kommen ein paar Jahre, in diesen geschieht durch dies attische Volk allein an Schönheit mehr, als seitdem in zweitausend Jahren von allen anderen geschah. In solchen Zeiten, wann sich aus dem dunklen Grunde einer blutigen Vergangenheit zum ersten Male der freie Mensch löst, noch die Kraft des Ganzen, aber auch schon den Wert des Einzelnen fühlt und mit der aufgesparten Leidenschaft vieler Geschlechter nun nach dem Leben greift, erscheint ein Tag, wo dann das ganze

Land zugleich in Blüten und in Früchten steht, so schwer gesegnet, dass es fast davon erstickt; und es hat Furcht zu brechen und ächzt vor Glück und will weinen. Aber dann wird ihm stets ein Mann, in welchem ihm gewährt ist, sich zu vollenden; und nun sieht es aus, als wäre alles, was jemals früher war, nur vor Lust nach ihm geschehen und wären alle Helden oder Priester oder Sänger immer nur gierig vorwärts greifende Hände gewesen, nach diesem ausgestreckt; und nun bleibt von ihm durch hundert und hundert Jahre noch sein großer Schatten bis über die letzten Enkel liegen. Dies ist hier Perikles, und in diesen paar Jahren der attischen Erfüllung geschieht nichts, was nicht wie nur die Münze seines Wesens wäre. Und eben in diesen Jahren ist es auch, um eben diese höchste Zeit des Perikles, da wird aus seinem Athen die Flöte verbannt.«

Der Sammler warnte: »Ob du ihn nicht doch zu sehr zum Künstler machst? Ich meine, Wilamowitz hat recht: er ist kein Mediceer gewesen.«

»Nein,« sagte der Meister, »er ist kein Mediceer gewesen. Er war mehr. Ich will euch sagen, was er war. Wir verstehen einen Mann doch immer erst, haben wir das Wesen und Wirken, das er zeigt, auf sein letztes Motiv gebracht. Aber hört mir geduldig zu. Er ist aus einem edlen alten Haus und dies bleibt er: der edle Mann der alten Zeit. Er mag die Menge nicht, er hat keinen Verkehr, er zeigt sich selten; nie hat man ihn bei Festen oder Gelagen, nie scherzen oder lachen sehen, er macht sich nicht gemein; künstlich ernst, hält er die Menschen entfernt, niemand wird mit ihm vertraut. Aber klug, ungewöhnlich begabt, die Menschen und die Dinge zu sehen, wie sie sind, und entschlossen, ihr Herr zu werden, erkennt er bald, dass die Zeit nicht mehr der Edlen ist. Und er lernt Demokrat sein. Es fällt ihm nicht ein, sich zu den Edlen ohnmächtig grollend in den Winkel zu stellen. Die Macht ist bei den Gemeinen, er will die Macht, so sucht er sie dort. Verhüllten Sinnes geht er dem Pöbel nach, schmeichelt ihm die Finten ab, dient um seine Gunst, jahrelang, unverdrossen, mit einer unheimlichen Geduld der Verstellung, bis er oben ist. Dann aber löst er die Maske. Und nun merken sie allmählich in Athen erst, dass er nicht bloss durch die Gestalt und im Reden an den Tyrannen Peisistratos erinnert, und sie staunen. Hätte ich einen Staatsmann zu erziehen, er müsste mir aus dem Leben des Perikles lernen, wie man sich durch Jahre verleugnet, um sich aber dann, zur Macht gelangt, erst zu erfüllen; unsere machen es umgekehrt. Schließlich ist sein ganzes Geheimnis: er teilt sich sein Leben ein. Erst hinauf, nur hinauf, wo ihm denn jedes Mittel recht und kein Preis zu hoch ist, er verrät die Sache der Edlen, er lügt und täuscht und trügt, er zögert nicht, für das Falsche zu sein, wenn er dadurch dem Kimon schaden und sich bei den Gemeinen nützen kann; er, der will, was Kimon will, stürzt den Kimon, im Gefühl, dass er selbst es besser kann, nur muß er zuerst hinauf, nur hinauf. Dann aber, oben, da zeigt er sich, und das ist so wunderbar und so ganz einzig an ihm, wie er, oben, nun beweist, dass er alle die langen Jahre her bei sich doch von den Gedanken seiner Jugend niemals abgewichen, dass er sich und seinem Hause treu geblieben ist. Er löst die Maske, und sie staunen in der Stadt. Die hämischen Komiker höhnen: der olympische Zeus! Man erkennt ihn nicht mehr: er ist nicht mehr derselbe, sagt Plutarch, οὐδ' ὁμοίως χειροήθης τῷ δήμῳ, er frisst nicht mehr wie sonst dem Pöbel aus der Hand, er nimmt das Wesen eines Edelmannes, ja förmlich eines Königs an, und wie ein König über Edle will er herrschen; darum allein hat er ja doch die ganze Zeit nur gedient. Aber indem er jetzt beginnt, die alte Zeit, als man noch edel war, und ihr Wesen, dem er sich in seiner Jugend angelobt und verschworen hat, im Leben seines Volkes wieder aufzurichten, erschrickt er: denn er kennt dies Volk jetzt. Und ihm wird Angst. Er zuerst erblickt nun die attische Gefahr, und ihm wird Angst, ob es doch möglich sein wird, die Griechen vor ihr zu retten, nämlich: vor ihrem entsetzlichen Talent. Dies ist fortan immer und überall sein letztes Motiv. Jetzt aber lasst mich Atem holen, denn jetzt möchte ich zum Redner geboren sein, was sonst nicht unter meine Wünsche gehört, aber wer, dem nicht willig alle Worte, die süßesten und die bösesten, brausende und geifernde, der Verführung und der Verachtung, auf den Wink gehorsam sind, darf zu schildern wagen, wie das wütende Talent der Griechen, als ein höllischer Fluch auf dies taumelnde Volk gelegt, bis zur wahren Besessenheit gereizt, es verheert, zerstümmelt und ausgebrannt hat?«

»Was nennst du Talent?« fragte der Grammatiker. »Heisst mich einen Pedanten, aber mich verdrießts, wie wir gern mit solchen elastischen Worten spielen, die denn jeder nach Belieben ausdehnen oder nachlassen kann. Am Ende hat dann jeder recht, und keiner ist weiter, als er anfing.«

»Es sei«, sagte der Meister. »Stimmst du zu, wenn ich Talent die Gabe nenne, extrem zu empfinden und dies noch extremer auszudrücken?«

»Ungefähr mag es so sein«, antwortete der Grammatiker. »Immerhin wissen wir jetzt wenigstens, was du meinst. Menschen, die sehr empfindlich, sehr empfänglich sind, aber auch noch: Die auf alles, was sie von außen empfangen, nun wieder gleich nach außen reagieren müssen, ebenso stark oder vielleicht noch stärker.«

»Noch stärker,« sagte der Meister, »darauf liegt mir der Ton. Sie nehmen nicht bloß ein, setzen um und geben wieder aus, das wäre noch nicht Talent, sondern dies finde ich darin: Mehr auszugeben als man eingenommen hat, nicht bloß umzusetzen, sondern dabei noch aus eigenem hinzuzufügen. Ist es nun klar, was ich meine?«

Der Grammatiker nickte: »Gewiss. Ich würde dann freilich lieber sagen: Phantasie. Doch der Name tut es ja nicht.«

»Nein,« sagte der Meister, »nicht Phantasie. Oder doch nicht bloß Phantasie. Phantasie gehört schon auch dazu, aber Talent ist mir mehr, nämlich die geheime Kraft mancher Menschen und ihr Trieb, was immer sie empfinden und empfangen mögen, unwissentlich und unwillentlich sogleich aus sich vergrößert zurückzuwerfen, in einer Vergrößerung, die schließlich zum Anlaß gar kein Verhältnis mehr hat. Es setzt sich bei den Griechen zusammen: Aus einer unglaublichen Erregbarkeit der Sinne, welchen der leiseste Reiz, der sie trifft, genügt, alarmiert zu werden, aus der grellsten, alles sofort ins Ungeheuere verzerrenden, bis zum Monströsen steigernden Phantasie und aus einer unsinnigen Bravour im Darstellen und Ausführen, die überall nach den stärksten Ausdrücken ringt, jeden sofort noch überbietet und so sich an sich selbst bis zur Raserei erhitzt. Von der Reizbarkeit ihrer Sinne haben wir schon gesprochen, als vom Klang der Flöte für ihr Ohr die Rede war; oder erinnern wir uns, dass sie sagten, ein Trunk unvermischten Weins genüge, sie toll zu machen. Nun aber noch dazu die Gier ihrer zügellos verruchten Phantasie, die bei jeder Berührung gleich ins Grässliche schlägt. Denken wir an die Fratzen der Inselsteine oder die Wucht des dreiköpfigen Typhon auf dem vorpeisistratischen Giebel oder erinnern wir uns der tosenden Hysterie, von der viele Gestalten der griechischen Geschichte wie besessen taumeln. Wie etwa jener Artemon, der die Kriegsmaschinen für Perikles baute, von dem Plutarch erzählt, er sei von einer so tierischen Angst vor dem Schicksal geschüttelt gewesen, dass er sich meistens zu Hause versteckt hielt, unter einem ehernen Schild, den er Tag und Nacht über seinen Kopf von zwei Sklaven halten hieß, aus ewiger Furcht, es könne etwas herabfallen und ihn erschlagen.«

»Wir brauchen gar nicht erst solche Beispiele«, sagte der Planet. »Als ich in Athen war, fiel mir auf, wie wenig den tragischen Griechen genügte, um sich zu fürchten. Da ist auf dem Areopag oder ebenso am Abhang des sanften Hügels von Kolonos oder auch beim Plutoneion in Eleusis, immer ist es eine kleine Grube, kaum so tief, dass sie ein Schlund heißen kann, nichts als ein Loch im rötlichgrauen Felsen, das aber ihre ruchlose Phantasie sogleich mit den Eumeniden bevölkern oder darin sogleich die Hölle sehen muss. Hätten sie in unseren Dolomiten gehaust, die blutig drohenden Schrecken ihrer Mythen wären nicht auszudenken. Man begreift kaum, wie denn ein so teuflisch träumendes Volk das Leben nur überhaupt ertrug.«

»Es ertrug es auch nicht«, sagte der Meister. »Seine ganze Geschichte ist ein einziger Versuch, ein Ende mit sich zu machen. Solange es nun diesen Hass des eigenen Lebens noch nach außen auf die Feinde, die Perser warf, ist er es, durch den der Grieche heroisch wird. Was aber, da es nun den

Feind nicht mehr gab? Nicht zu vergessen, was ich die Bravour des Ausführens genannt habe. Ich meine damit das Fieber der Griechen, alles immer gleich bis zum Äußersten zu treiben, sei es selbst um den Preis, vor lauter Ausdruck den Inhalt zu verlieren, bis am Ende von einer Sache nichts als nur die bloße Form noch übrigbleibt. Schon bei Pindar ist das so: Die Sprache tobt weit über sein Gefühl hinaus noch fort, ein Adjektiv reißt das andere mit, das Wort, den Zaum des Gedankens abgeworfen, jagt leer davon. Oder gar, wenn der Athener disputiert. Worum es eigentlich geht ist da bald vergessen, daran liegt der Kunst des Redners nichts, sie will nur sich zeigen, die, einmal auf-gezogen, ins Unendliche schnurrt. Dass diese, ich möchte fast sagen: Epilepsie des Redens, die mir zum Beispiel an dem platonischen Sokrates so widerlich ist, auch dem Perikles nicht fremd war, wissen wir aus einem Klatsch, den sein Sohn, mit ihm entzweit, um ihn lächerlich zu machen, in der Stadt herumtrug; er habe, als einmal einer beim Spiel durch einen Wurf unversehens getötet wurde, einen ganzen Tag mit dem Protagoras an der Frage zugebracht, wer dabei der Schuldige sei, der Speer, der traf, oder der Mann, der ihn warf, oder die Richter des Spieles. Nach den platonischen Proben athenischer Debatten können wir uns ungefähr denken, wie hier das Wort, ganz von der Sache ge-löst, nur in sich selber schwelgen und an sich selber geilen mochte. Er kommt übrigens noch einmal diskutierend vor, nämlich beim Xenophon, im zweiten Buche der Memorabilien, mit dem jungen

51

Alkibiades, der sich dort den Spaß macht, so mit Worten seinen großen Vormund einzuengen, dass dieser zuletzt den Ball verliert und, in der Sache keineswegs, aber durch das Gespräch überführt, es gelassen ablehnt, indem er, mit der ganzen Verachtung, die er jetzt für das leere Talent hat, und doch dabei fast leise wehmütig sagt: ›Wahrlich, o Alkibiades, auch wir sind in deinem Alter sehr stark in derlei Dingen gewesen; denn auch wir trieben solches und klügelten wie jetzt du!‹ Worauf Alkibiades in seiner liebenswürdigen Frechheit: ›O wäre ich doch damals bei dir gewesen, als du darin noch am stärksten warst!‹ Und Perikles sagt nichts mehr, aber er mochte sich im Stillen erinnern, wie er sich selbst einst, noch unschuldig und ohne die Gefahr zu wissen, der lockeren Lust am Talent überließ, während es jetzt die bange Frage seines ganzen Wirkens wird, wie denn nur sein Volk vom Talent zu erlösen und wie dieses zu binden, zu bändigen sei.«

Der Arzt sagte: »Glücklicher Staat, dessen Regent keine andere Sorge hat.«

»Ich weiss nicht,« antwortete der Meister, »ob es nicht leichter ist, wie die unseren sollten, ein träges Volk aufzupulvern, als ein unstetes zu beschwichtigen, das sich vor Talent jeden Augenblick gierig in ein tödliches Abenteuer stürzen will. Aber nicht bloß, weil er sah, dass bei solcher Sinnesart eine Nation überhaupt nicht mehr zu regieren ist, also nicht bloß aus Angst um sich, und unaufhaltsam ins Verderben rennt, also nicht bloß aus Angst um sie, sondern er begann auch das Talent an sich zu hassen, weil er eben darin die Wurzel des Unedlen fand. Wie wir das Edle von Homer und Hesiod her und jetzt auch aus den mykenischen Gräbern und den kretischen Funden kennen, war es ja sein Wesen, angstlos und arglos zu sein. In der großen Zeit der Väter, deren Sinn wieder aufzurichten er sich vermaß, waren starke Menschen des Lebens froh, nahmen es leicht und wünschten sich nichts, fürchteten nichts. Wie die Götter, sagt Hesiod, lebten sie, unbetrübt, von keiner Sorge oder Mühe beschwert, die Gaben des Mahles genießend. Es war eine heitere, sichere, beherzte Welt. Was aber die Knechte, welchen diese Edlen geboten, was die Schlechten, wie sie damals einfach hießen, denkt an Theognis, unten empfinden mochten, darnach fragte kein Herr, und keiner vernahm, wie wild es sich in solchen dumpf verstörten, tierisch stöhnenden Menschen zusammenzog, bis es dann ausbrach und die alte Macht zerstört war. So nur kann ich mir den tragischen Geist entstanden denken, der, nach der großen Wanderung, plötzlich den freudigen Sinn der Edlen verdrängt: Aus der Furcht der neuen Herren, die, eben noch Knechte, die Greuel ihrer Vergangenheit noch immer nicht vergessen können, jede Nacht aus bösen Träumen fahrend, ob man sie nicht schon morgen wieder verjagen wird, dazu der Ranküne der Gestürzten, die sich nun ewig verstellen und ihren Geifer verschlucken und allen Stolz verleugnen müssen, und endlich noch der unerträglichen Qual selbst

53

zwischen Vater und Kind, Bruder und Schwester schleichenden Verdachtes, der sich immer von Hass bedroht, von Verrat belauscht und überall umlistet fühlt. Diese tragische Stimmung, so gereizt, bis der Mensch lieber gleich in den Tod springt, um nur dem Spuk ihrer grinsenden Fratzen zu entkommen, ist es, aus der jene grässliche Hast über das griechische Leben stürzt. Und wenn es ihm nicht gelang, sie zu stillen und sein Volk vom Skorpion dieses unstet hetzenden Talents zu erlösen, war alle Sorge so vieler Jahre verfehlt.«

»Du denkst dir«, sagte der Arzt, »Perikles in einer merkwürdigen Situation. Er will, was du das Edle nennst, also die Gesinnung der alten Zeit. Aber die alten Menschen sind nicht mehr da, das Material jener Gesinnung fehlt. Die Herren von einst können es nicht mehr sein, sie haben die Macht nicht mehr, und du denkst dir durch furchtbares Schicksal auch sie schon knechtisch tragisch angesteckt. Aber die Knechte, Herren geworden, sind knechtisch gesinnt geblieben, sie können noch immer an das Leben nicht glauben, sie trauen ihm noch nicht, sie können sich nicht freuen. Formt er sie nicht um, so sind auch sie das Material nicht, das er braucht. Aber wie? Wie bringt man tragisch verhetzten Menschen Freude und Ruhe bei? Das, meinst du, sei sein Problem gewesen.«

»Ich bin neugierig, wie«, sagte der Sammler.

»Lass mich«, bat der Meister, »erst noch ein wenig verweilen. Ich möchte, dass ihr des Perikles

Größe recht fühlt. Der gemeine Regent glaubt, die Menschen seien so, wie er sie braucht. Wer ein bisschen klüger ist, sich nicht über sie täuscht, sondern sie wirklich nimmt, so wie sie sind, verzweifelt daran, aus ihnen zu machen, was er braucht, und rechnet es sich zuletzt noch als staatsmännisch an, wenn er sich verleugnet und ihnen fügt. So jene feinen Minister, von denen es wimmelt, die uns unter vier Augen genau zu erzählen wissen, was notwendig wäre, nur dass leider das kleine Geschlecht für sie noch nicht reif ist. Diese Klugen sind schädlicher noch als jene Dummen, die in ihrer Illusion durch festen Willen doch immerhin manches wirken möchten. Der große Regent aber, der einzige, der den Namen verdient, weiss, wie die Menschen sind, weiss, wie er sie braucht, und weiss, wie jene zu diesen zu machen sind. Worin allein Staatskunst besteht; was unsere treiben, ist Polizei. Unsere sagen entweder: die Menschen sollten doch so sein, und jammern dann, dass sie anders sind; oder sie verordnen, der Mensch muss dies oder das, bei dieser oder jener Strafe, wodurch eben unser ganzes Leben so verlogen ist, weil durch Drohung doch keiner anders wird, sondern nur jeder feige so tut. Einen solchen Staatsmann, der über die Menschen klagt oder gar zur Gewalt greift, sollte man hängen lassen, weil doch dies allein gerade sein Geschäft ist, die plastische Kraft zu haben, welche Menschen formt.«

»Aber wie?« drängte der Sammler. »Ich vermute, du willst wieder auf jene tragische Kur hinaus.«

»Nein,« sagte der Meister, »davon haben wir neulich gesprochen. Sie gehört auch dazu. Aber Perikles fasst es anders an. Er versucht, die Stadt vom Talent zu heilen, indem er sich ihrer größten Leidenschaft bedient: der Eitelkeit. Oder ich will sagen: Er kuriert die Griechen durch ihren Snobismus. Knechte, Herren geworden, sind immer Snobs. In ihrem unsicheren Gefühl nehmen sie alles an, was vornehm heißt, und vornehm heißt ihnen alles, was sie nicht sind. Knechte, freigelassen, sind durch kein Gesetz, aber durch jedes Vorurteil zu regieren. Setzt den Tod auf das Duell, er schreckt keinen Kommiss ab, solange er glauben darf, dadurch zum Ritter zu werden, der er scheinen will. Wenn ihr aber erreicht, dass es nicht mehr ›chic‹ oder nicht mehr ›fair‹ ist, sich zu schlagen, so habt ihr es ausgetilgt. Hier setzt Perikles ein. Er macht, dass es für ›chic‹ gilt, so zu sein, wie er die Athener braucht. Er ›verordnet‹ nichts, er stellt kein ›Gesetz‹ auf, er formt nur die Sitte, den Anstand um. Es gilt jetzt nicht mehr für ›fein‹, unruhig und ungeduldig zu sein, jede rasche Regung zu verraten, durch das Leben zu rasen. Froh und dankbar darin zu verweilen, sein Inneres bei sich zu verwahren, sich im ruhigen Genuss zu verwöhnen, wird Lebensart. Unbeweglich schön zu sein, andächtig vor der eigenen Schönheit und behutsam mit ihr wie mit einem sehr kostbaren und zerbrechlichen Gefäß, ist nun ›vornehm‹. Und indem es so Mode wird, den eigenen Körper seiner Schönheit voll bis an den Rand wie einen schweren Becher auf zärtlich scheuen Händen herzutragen, ängstlich, nichts zu verschütten, soll der Athener sein Talent dämpfen, den Geist beschwichtigen, die Lust an der Ruhe genießen lernen. Die Haltung, die in der eleganten Welt jetzt unerlässlich wird, ist die des emsig, fast schmerzlich um seine Schönheit bekümmerten Epheben, der kaum mehr zu lächeln wagt, aus Furcht, er möchte der stillen Linie seiner edlen Lippen schaden. Perikles, hören wir, hat man niemals lachen sehen. Lachen fing an gemein zu heissen, weil es den Mund verzieht, und der schöne Jüngling vermied, was die Seele bewegt, als Gefahr der Schönheit. Stumm in sich vertieft und um sein Antlitz bemüht, hielt er die Seele verwahrt und zeigte sie nie. Es galt jetzt für edel, nichts als seine Schönheit ernst zu nehmen. Geist zu verraten war unelegant geworden. Bis dann Sokrates kommt, der wüste Plebejer, und alles wieder zerstört und das gefesselte Talent befreit, an dem sie denn auch zugrunde gehen.«

»Woher weisst du denn das aber alles?« fragte der Grammatiker, fast bestürzt.

Die anderen lachten. Der Arzt sagte: »Es ist dir wohl noch nicht vorgekommen, dass einer mehr weiss als du?«

Aber der Meister antwortete dem Grammatiker: »Aus dem Cortegiano, Lieber!«

»Wie denn?« rief der Grammatiker aus. »Gibt es einen griechischen Castiglione?«

»Viele«, sagte der Meister.

Der Arzt schmunzelte: »Ich errate.«

Der Grammatiker aber, misstrauisch:

»Ein Buch, in welchem verzeichnet wäre, was in Athen für vornehm und eines freien Mannes würdig galt – «

»Nein,« fiel der Meister ein, »ein Buch gab es nun freilich nicht. Mit Worten aufgeschrieben, wie der gute Balthasar, haben sie es nicht. Aber verzeichnet ist es doch: auf ihren Statuen.«

»Unser alter Streit«, murrte der Grammatiker ärgerlich.

»Keineswegs«, sagte der Meister. »Unser Streit ist, ob, wie ich glaube und du leugnest, der griechische Künstler die Begriffe der Weisen und ihre Lehren für das Leben, sei es unmittelbar nach ihrer Anweisung oder doch unter ihrer Macht, jedenfalls bewusst, durch seine Statuen ausgedrückt habe. Ich brauche dies hier aber gar nicht. Du magst es leugnen, und nimm meinetwegen sogar an, der Künstler, der den Kopf eines jungen Menschen formt, habe gar nicht den eigenen Begriff von Schönheit darstellen, sondern einfach sein Modell abbilden wollen. Gut, aber das Modell wird eben anders. Das Modell, also der Mensch, der für schön gilt, ist vor Perikles mit einer wahren Gier um Ausdruck bemüht, seine Seele drängt sich ins Gesicht, er will zeigen, was in ihm ist. Seit Perikles will er es verbergen. Im alten Stil hat die strenge Athene selbst das Lächeln, von den Chiotinnen zu schweigen. Im neuen erlischt es, das Gesicht wird ernst, ja bald wird es leer, es wird zur Maske. Wie nun willst du dies erklären, außer du denkst, gerade die größten Könner der griechischen Kunst hätten sich mit Vorliebe das dümmste Modell ausgesucht? Mir ist es jahrelang ein Rätsel gewesen, wie denn ein so hoher geistiger Ausdruck, als ihn etwa Apoll von Thera oder jene Athene des athenischen Nationalmuseums aus zwei bronzenen Blechen oder auch der leonardsche Mund mancher Chiotin zeigt, wieder verloren gehen und es geschehen konnte, dass in der Kunst, je reifer und sicherer und freier sie wird, allmählich jedes Zeichen von Geist aus den Köpfen entweicht. Diese Köpfe, es hilft nichts, sind leer und dumm. Sie sagen nichts. Es geht in ihnen nichts vor. Der Ephebe der Akropolis hat geradezu das mürrisch nonchalante Gesicht eines eitlen, weibisch verwöhnten, weichlichen Buben, der glaubt interessant zu sein, wenn er gelangweilt tut. Junge Kutscher des englischen Adels, ausgehaltene Tenore oder manchmal die jungen Beichtväter an den katholischen Höfen sehen so aus, Menschen, deren Geschäft es ist, eine Larve zu haben, nur zu scheinen, undurchsichtig zu sein. Undurchsichtig, das ist das Wort. Als ich erkannte, dass es jetzt für elegant galt, undurchsichtig zu sein, begriff ich den Perikles erst und erriet, wie er, Herr über die Sitte und den Anstand von Athen geworden, die Gefahr einer zu hohen geistigen Spannung für sein Volk erkennend, ihm Ruhe wünschend, entsetzt, unstet einen sich am anderen entzünden und atemlos steigern zu sehen, in dieser höchsten durch den Geist bereiteten Not sich nicht mehr anders zu helfen, es nicht mehr anders zu retten fand, als indem er seine Gier auf den Ruhm der äußeren Schönheit warf, sicher, diese werde, indem sie es zur Furcht der Grimasse zwingen müsse, den inneren Tumult beschwichtigen und die Leidenschaft verstummen machen. Wem dies nicht jener Ephebe oder sein Nachbar, der stille Knabe, sagt, dem, gelehrter Freund, kann ich freilich nicht raten. Von deiner Fakultät, allerdings, wird es nicht zu beweisen sein.«

»Phantasieren ist nun einmal nicht ihr Amt«, sagte der Grammatiker. »Oder mutest du ihr wirklich zu, deinen Perikles ernst zu nehmen, der, um sein Volk von einer Hysterie zu heilen, die du bei den Tragikern zu finden glaubst, sich nichts Besseres als die Mode einer neuen, sehr steifen, sehr künstlichen Schönheit gewusst hätte, in welche eingeschnürt, es nicht mehr zappeln konnte? Der Dandy, der Geck als Staatsmittel! Hier läßt du den Perikles als Macchiavell beginnen, dort als Brummel enden! Ich weiss nicht, was weniger griechisch ist, oder ich weiss überhaupt nicht mehr, was griechisch ist. Historie aber wie den Mythos zu behandeln, mag ein guter Spaß sein, Nutzen kann ich keinen sehen.«

Der Planet sagte: »Eines ist mir auch auf- gefallen, ob du nämlich nicht doch deinen Staats- mann dialektischer räsonieren lässt, als es in der Zeit war. So scharf zu folgern: Ich brauche Ruhe, Talent stört sie, wie bindet man also Talent? Vielleicht durch eine strenge Schönheit, die muss ich also zur Mode machen und will mich darum an die Klubs wenden und so fort, ich muss schon auch sagen, als solchen Jesuiten kann ich mir einen Athener nicht denken.«

»So gewiss nicht,« fiel der Meister ein, »damals wenigstens noch nicht. Später schon, denk an den platonischen Staat. Aber Perikles hat gewiss noch nicht bewusst mit erstens und zweitens und drittens räsoniert. Sondern instinktiv: Er hat einfach eines Tages angefangen, Ekel von den Grimassen erregter Menschen und Freude an der Ruhe schön sitzender, glücklich verweilender Gestalten zu empfinden, und jener wie diese sind Mode geworden. In Zeiten, die noch sinnlich denken, nicht abstrakt, werden auch die Staatsfragen plastisch, nicht logisch gelöst. Wie man die Menschen braucht, so ändert man den Mythos um. Man predigt nicht gegen das Talent, sondern erfindet, dass Athene die Flöte verwarf und dass Marsyas dem Apoll erlag, und keine Ver- sammlung beschließt, den Geist zu ächten, der kein Maß zu halten weiß, sondern die Flöte wird aus den Spielen der freien Athener verbannt.«

»So ginge die Fabel dann gar nicht auf den Künstler?« fragte der Planet.

»Nicht nur auf den Künstler,« sagte der Meister, »sondern auf das ganze Leben. Eine neue Zeit war da, es galt, nach ihr das Leben neu zu formen. Solange der Perser drohte, war die einzige Frage der Polis: Wie holt man die höchste Kraft, die größte Tat aus jedem heraus? Die ganze Macht der Nation war angesammelt auf einen einzigen Punkt zu werfen, um diesen Moment der letzten Not zu bestehen. Mochte sie dann zusammensinken! Der Perser ist weg, da fragt die Polis jetzt: Was können mir Menschen sein, die, jetzt zu einer außerordentlichen Tat hingerissen, dann erschöpft am Wege liegen bleiben, unfähig zu leben? Sie braucht nun die Tat nicht mehr, sie braucht das Sein. Dies prägt sie zuerst im Agonalen aus. Dort hatte es auch früher nur geheissen: Wie siegt man? Nun heißt es: mühelos und leicht zu siegen, in guter Form. Und ebenso hier: mühelos und leicht zu leben, in guter Form. Zum dorischen Herakles, dem Ideal der schwer lebenden Knechte, dem Mann der Mühen, tritt nun der attische Theseus hin, der milde Held gelassener Ordnung und besonnener Ruhe. Und ein neues Wort kommt auf, das die früheren nicht kennen: εὐοργησία, εὐόργητός. Wir haben es im Deutschen nicht, weil wir die Sache nicht haben. Ὀργάω heißt: von Säften feucht sein, schwellen; und ὀργή ist, was in uns treibt, wovon wir quellen; später besonders vom Zorn gesagt, aber eigentlich für jeden Affekt. Εὐοργησία ist also das Wohlverhalten aller Affekte, εὐόργητός, in wem sie sich ungestört vertragen, wer keinen über den anderen wachsen, keinen verkümmern lässt, wer sie so beherrscht, dass er niemals unter ihnen zu leiden hat, sondern aus ihren Gewittern zuletzt selbst doch nur immer erfrischt, gestärkt, erkühnt hervorgehen wird. Dies ist die Euorgesie, und sie nur, denk ich, soll durch jene Fabeln von der Flöte empfohlen sein. Sie bedeuten schließlich nur eine Warnung des freien Mannes vor Taten oder Werken, die er nicht leisten kann, ohne sich vor Mühe bis zur Grimasse zu verzerren. Denn in dieser höchsten Zeit ist den Griechen das schöne Werk oder die große Tat kein Zweck mehr, sondern als Mittel nur gilt sie jetzt, das dem eigenen Wesen zur Form hilft. Sein ist mehr als alles Wirken oder Tun, und das Werk, die Tat mag nur wie ein Spiegel sein, worin der freie Mann sich erblickt und an sich erfreut.«

Dann sagte der junge Künstler: »Aber nun bist du ganz abgekommen. Es sollte doch auf mich gehen.«

Der Meister erwiderte, lächelnd: »Ich habe dich nur schrecken wollen. Was fragst du viel, wie man damals in Athen von der Würde des Künstlers gedacht haben mag?«

Der Künstler sah den Meister an. Nach einer Weile sagte er: »Ich habe das Gefühl, dass du mich nur schonen willst. Das wäre mir nicht recht. Auch nützt es nichts, ich habe nun doch einmal den Stachel in mir.«

»Wenn du so tapfer bist«, sagte der Meister, »und es selbst verlangst –«

»Ja,« sagte der Künstler, »ich bitte dich darum.«

»Daran erkenne ich deinen guten Mut«, wiederholte der Meister. »Es ist mir lieb. Nun wollen wir uns hüten, ob denn von der griechischen Weisheit auch alles für uns passt. Und ferner lass dir sagen, dass es dich im Arbeiten nicht anfechten soll, wenn wir etwa finden, an der Art der Arbeit in der Kunst sei heute manches wesentlich falsch. In Gedanken mag man sich über seine Zeit erheben, man bleibt ihr aber doch untertan, der einzelne kann nicht viel gegen sie. Das mag dich trösten, und lass dir nur die Laune nicht verderben. Dies nämlich, wenn man das Falsche der Zeit erkannt hat, nun darum mit ihr zu trotzen und nicht mehr mitzutun, hätte keinen Sinn. Wir wollen trachten, uns bewusst zu werden, was an uns schlecht ist, wenn wir es aber nicht ändern können, weil es notwendig für diese Zeit ist, ohne falschen Stolz darin zu verharren. Nach uns kommen auch noch Menschen.«

»Das ist mir immer merkwürdig an dir,« sagte der Planet, »wie du im Denken unduldsam, im Leben aber verträglich bist.«

»Anders wüsste ich nicht durchzukommen«, sagte der Meister. »Ich beklage die Menschen, die nur lieben, was vollkommen ist. Sie müssen sich entweder anlügen, oder sie haben keine Freude mehr. Ich aber, wenn ich eine Neigung für einen Menschen oder zu einer Sache habe und nun erkenne, was an ihm oder an ihr schlecht ist, meine

64

doch: dann eben brauchen sie mich erst recht; und wenn sich gar ergibt, dass dies Schlechte notwendig dazu gehört und nicht ohne den ganzen Menschen oder die ganze Sache zu zerstören, vertilgt werden kann, bestärke ich sie wohl noch gar darin. Unerbittlich findet mich nur, wer nach seinem Wesen besser sein könnte, als er aus Dünkel, Schwäche oder Verlogenheit ist.«

»Nun hast du eine lange Einleitung gemacht,« sagte der Künstler, »nur um mir anzudeuten, wie wenig dir meine Werke, die du zu loben bisweilen so freundlich warst, doch eigentlich sind, was ich übrigens schon längst mitunter gefühlt habe.«

»Du irrst«, sagte der Meister. »Deine Werke gefallen mir wirklich. Das ist es nicht. Aber etwas anderes habe ich dir verschwiegen, nicht um dich zu schonen, wie du misstrauisch meinst, sondern um dich nicht an dir irrezumachen. Hoffentlich bist du jetzt aber so weit, es zu vertragen. Nun denn: Deine Werke sind mehr als du. Und ich fürchte, das sollten sie nicht. Ich kenne dich doch jetzt seit Jahren und sehe dir zu. Immer, wenn du ein neues Werk bringst, wundert es mich, wie reifer es dich wieder zeigt. Bin ich aber dann mit dir, so finde ich denselben, der du warst. Deine Werke wachsen, du nicht. Nun kannst du sagen, das wisse doch nur, wer dich persönlich kennt; deine Werke gehen aber in die Welt zu fremden Menschen hinaus. Da fragt sich nun nur, ob es nicht auch diese merken müssen, nicht bloß wer dich kennt. Ich habe den

Verdacht, dass Werke, welche mehr sind, als ihr Künstler ist, dies durch irgendeinen versteckten Zug dem Kenner verraten, einen Zug von schmerzlicher Verstellung und hastiger Bemühung, an dem er ihr schlechtes Gewissen merkt. Gerade von den ganz großen Künstlern unserer Zeit weiß ich kaum ein Werk ohne diese Grimasse von geheimer Angst, als ob sie es nicht aushalten könnten und im nächsten Augenblick reißen würden. Wie dem aber auch sei, worüber wir ein anderes Mal reden mögen, schlimmer noch ist für mich, dass ich sie nicht sehen kann, ohne an den Künstler zu denken und mich zu fragen: was muss der arme Kerl dazu gelitten haben! Ich weiß nicht, ob es eigentlich zur Kunst gehört, so zu wirken. Nun ist mir oft aufgefallen, wenn wir von Werken sprachen und du eines recht loben wolltest, dass du dann gern sagst, man sehe oder fühle ihm an, dass sich hier der Künstler ganz hergegeben habe. Wobei ich mir denn immer denken muß: Gibt sich ein Künstler, wie du forderst, ganz an sein Werk hin und dafür her, was bleibt denn dann aber noch von ihm? Ihr scheint dies jetzt für ein großes Lob zu halten, wenn es heißt, ein Künstler gehe in seinem Werke auf, ohne Rest, wie ihr oft noch ausdrücklich hinzufügt. Ja, wovon lebt er dann, wenn ihn nun das Werk verlässt? Hat man je gesagt, ein Baum gehe in seinen Früchten auf? Gibt sich ein Baum an seine Früchte hin? Er gibt so viel von seiner Kraft an Früchte ab, in Früchten aus, als er entbehren und wieder aus sich ersetzen kann. Hier bleibt ein Rest: der ganze Baum nämlich. Von euch aber, fürchte ich fast, bleibt nichts, die Werke nehmen euch alles weg. Und wirklich sehe ich manchen durch jedes Werk nur immer ärmer und verlassener werden. Allerdings nicht nur die Künstler. Es gilt nicht bloß von der Kunst, sondern von allem Tun in unserer Zeit, von der man vielleicht einmal sagen wird, es habe ihr Wesen ausgemacht, sich zu Taten zu steigern, die den Täter zerstören.«

»Du sprichst mir aus der Seele«, fiel der Arzt ein. »Unsereiner hätte sich das ja nie zu sagen getraut. Gedacht aber habe ich es mir schon oft. Ist es mir doch komisch ergangen. Als ganz junger Mensch, unter Schauspieler geraten, da sich im Theater meine Phantasie an ihnen entzündet hatte, war ich entsetzt, in meinen Helden zänkische, liederliche Lümmel zu finden, von welchen ich mich, angewidert und enttäuscht, bald zurückzog. Doch, dadurch nicht geheilt, habe ich dasselbe bei Literaten erfahren, die ganz ebenso, in ihren Gedichten oder Romanen stolz und fein, sich im Leben als eitle, habsüchtige, boshafte, neidische, feige Gecken zeigten. Da nun aber der Mensch den Verkehr mit vorzüglichen Männern, an welchen er sich zu befestigen und erheben hofft, nicht entbehren will, ist mir dies der Reihe nach auch in der Wissenschaft und in der politischen Welt passiert, und wenn ihr mir versprecht, mich nicht zu verraten, weil es mir doch den Ruf eines kleinlichen Pedanten bringen würde, will ich gestehen, mir kommt vor, man müsse, um erfreuliche und wertvolle Menschen, bei welchen einem wohl wird, anzutreffen, zu den kleinen, stillen, unbedeutenden Leuten gehen, die wir Philister nennen. Ob aber, wie du meinst, dies ein besonderes Zeichen unserer Zeit ist, weiss ich nicht. Es wird wohl immer so gewesen sein.«

Der Künstler stimmte zu: »Ich wollte dasselbe sagen. Da wir schon im Bekennen sind, will ich nicht zögern einzugestehen, dass auch ich von den Künstlern gerade, deren Werke mir die schönsten Menschen versprachen, betrogen worden bin. Und dass ich es nur sage: von meinen eigenen Werken auch. Im Schaffen ist mir oft, als ob ich durch das Werk, das mich plagt, wenn mir gelingt, es auszutragen, gereinigt und erweitert und gesteigert werden müsste. Bin ich es aber los, dann, in der Ermattung, die den Wallungen folgt, scheint mich mit dem Werke meine beste Kraft verlassen zu haben, und ich bleibe ausgehöhlt, ausgepumpt, erschöpft, nichtig und leer zurück, schlechter als ich war. So nun an Freunden bemerkend, dass Künstler Menschen mit irgendeinem Defekt sind, und an mir selbst, dass dieser im Schaffen nur noch zunimmt, bin ich schon misstrauisch geworden, ob es nicht überhaupt gerade ein solcher menschlicher Defekt allein ist, der einen, um ihn auszufüllen, zum Künstler macht: ob nicht aus der inneren Not kläglicher und zum Leben unfähiger Menschen, als Surrogat für dieses, die Kunst erst entstanden ist. Gute Leute und schlechte Musikanten, sagt man, und Hauptmann muss dies auch empfunden haben, da er im alten Kramer den edelsten Menschen, der nur doch die Kunst nicht kann, den jungen aber, der Genie hat, an Leib und Seele zum Krüppel schuf.«

»Du könntest dich«, sagte der Meister, »auch auf unseren Arthur berufen, dem man auch immer mehr den Ekel vor allen Leuten der Kunst anmerkt. Zog er schon in der ›Literatur‹ einen albernen Grafen dem Literaten sichtlich vor, so lässt er uns gar im ›Einsamen Weg‹ doch keinen Zweifel mehr, dass ihm ein unbegabter, aber anständiger Mensch lieber ist.«

»Er hat recht«, sagte der Künstler. »Anständige Menschen haben es eben nicht nötig, begabt zu sein. Sie brauchen die Kunst nicht, denn sie haben das Leben; darin zeigen sie sich. Vielleicht ist dieselbe Kraft in allen Menschen, nur dass die einen sie auf das Leben verteilen, die anderen aber geben sie an ihre Werke ab. Wem sich jenes ergibt und wen es erfüllt, der wird höchstens einmal durch den Wunsch, sich schön zu erinnern, zur Kunst geführt. Nur wer sich vom Leben ausgestoßen fühlt, wen es ängstigt, wer keine Macht hat, es unmittelbar zu gestalten, der versteckt sich vor ihm in der Kunst. Nur wer das Leben entbehrt, schafft sich durch Kunst seinen Schein. Wer aber das Leben entbehrt, ist schlecht. Dies hat mich oft gequält, ich habe mich nur immer gewehrt, nun aber nötigt es mir dein Marsyas ab. Nur verzeihe mir, wenn ich frage, ob es nicht unfruchtbar ist, uns damit zu peinigen. Es wird immer Menschen geben, die sich im Leben nicht erfüllen können, und so lange wird es Künstler geben.«

Der Künstler schwieg. Dann fragte der Planet: »Dir sind also Phidias oder Leonardo oder Velasquez Menschen, die sich im Leben nicht erfüllen konnten?«

»Bitte«, unterbrach den Sammler der Meister. »Lass mich unserem tapferen Künstler antworten. Sich so wehe zu tun, ist doch rühmlich. Wenn es nicht etwa, Lieber, nur eine List gewesen ist, um deinem Gewissen zu entkommen, das dich warnt und das du zu betrügen meinst, indem du, was es an dir tadelt, auf deinen ganzen Stand wirfst, dessen allgemeine Schuld es sei, nicht deine besondere. Wir sind getröstet, wenn wir, was uns an uns missfällt, aufs Allgemeine wälzen können, sei es auf unsere Klasse oder unsere Nation oder die Menschheit, da niemand von uns verlangen kann, uns von ihr auszuschließen. Weshalb denn auch jeder besondere Mensch so gehasst wird, weil er allen ein Vorwurf ist und die Ausreden nimmt.«

»Was meinst du?« fragte der Künstler.

»Ich meine,« sagte der Meister, von deinen Reden trifft vieles sicherlich auf die heutige Kunst zu, nur tust du, als ob sie die einzige wäre. Es gibt gewiß eine solche Kunst aus Mangel, wie du sie geschildert hast. Aber es wäre doch sonderbar, wenn du nie bemerkt hättest, dass es auch eine andere gibt: aus Fülle. Wer bei sich nicht genug zu leben hat, greift nach der Kunst, ja; aber auch wer mehr hat, als er braucht. Wobei man sich billig wundern mag, daß wir für jenen höchsten Ausdruck menschlicher Not wie für diesen menschlichen Glücks denselben Namen haben. Das Gefühl, unfähig des Lebens zu sein, die Scham darüber, die Angst davor und der Wahn, das Leben ersetzen zu können, dies alles bis zu einer explosiven, Beklemmung gesteigert, macht produktiv. Aber auch das Gefühl, stärker als das Leben zu sein, der Stolz darauf, die Lust, sich verschwenden zu dürfen, und die Furcht, sonst an sich zu ersticken, macht produktiv. Jenes zu Werken, welche mehr sind als ihr Mensch und diesen geschwächt zurücklassen. Dieses zu Werken, welche geringer sind als ihr Mensch, da sie von ihm nur enthalten, was ihm zu viel ist, was er, um sich zu entladen, abzugeben wünscht und wovon befreit er sich erleichtert und erfrischt fühlt. Ich möchte aber noch einmal, dass wir uns nicht in die Kunst einengen, sondern lieber alles Tun betrachten, das überall ebenso aus Schwäche, um sich daran zu steigern, als aus Kraft, um sie dadurch zu stillen, geschehen kann. Es gibt Menschen, die leer sind, und wird ihnen nun ein Reiz von außen zugeworfen, nichts haben, woran er sich aufhalten könnte, sondern selbst von ihm, indem er zurück und wieder nach außen prallt, mitgerissen werden; unfähig, sich selbst zu bewegen, fühlen sie sich im Schwunge solcher Reize erst, welchen sie für ihren eigenen halten; weshalb sie auch zu sagen pflegen, dass sie nur in ihren Werken oder nur in ihren Taten leben. Es gibt aber auch andere, welche voll sind und nun jeden Reiz, der zudringt, in sich selbst einfügen und an sich selbst befestigen können, so dass er mit ihnen verwächst und in ihnen reifend sich verwandelt, bis er zuletzt, wenn ihnen zu enge wird, abgestoßen und wieder nach außen zurückgegeben werden muß, reicher als sie ihn empfangen haben, und ihnen eigentümlich gemerkt. Was Schiller an Natalien so bewundert hat, die er rühmt, ihr sei die Liebe aus einem Affekt zum permanenten Charakter geworden. So ließe sich denn auch sagen, daß es eine Kunst oder überhaupt ein Handeln aus Affekt, eine andere, ein anderes aus Charakter gibt, wäre nicht freilich zu fürchten, es möchte dies gleich wieder ins Sittliche hinüber missverstanden werden, während es doch immer bloß eine Frage der inneren Verfassung ist, ob man nur in Anfällen und krampfhaft wirkt oder stetig, durch Natur. Welche Art aber mehr wert sei, ist müßig gesorgt, da beide doch im menschlichen Wesen sind, und es fällt mir nicht ein zu fordern, dass wir uns von jener, der unsere Generation ergeben war, dieser zuwenden sollten. Die Frage ist ja nie, was wir sollen, sondern was wir müssen. Darüber aber vermute ich allerdings, dass das nächste Geschlecht, das sich anschickt, uns abzulösen, wieder der Kunst oder überhaupt dem Tun aus Charakter gehören wird.«

»Davon müsste es«, sagte der Arzt, »aber doch schon Zeichen geben.«

»Ihr seht sie nur nicht«, erwiederte der Meister. »Ich könnte gleich auf Hauptmann oder Schnitzler zeigen von welchen wir eben sprachen. Schon den Kramer, mehr noch die Bernd hat man zu still gefunden, und manche, die es nicht erwarten können, haben darin ein Altern und Nachlassen der Kraft bemerken wollen, welche bei ihnen lärmen muss, während mir die ruhige, die sich nicht erst zu erhitzen braucht, um zu wirken, doch mehr gilt. Diese ist es auch, die mir den ›Einsamen Weg‹ so wert macht, der es in seiner wunderbar hellen und harten Technik verschmäht, an allen Nerven zu zerren, und das Expressivo, wie die Musikanten es nennen, worin die Aufregung des Darstellers den Wert der Darstellung übertreiben soll, überall zu dämpfen weiss, vielleicht doch auch, weil es dem Dichter wichtig geworden ist, sich zu schonen, weil er jetzt den Stolz hat, sich zu verwahren, weil er sich nicht mehr in einer einzigen Wirkung verknattern und verpuffen will. Ist es aber vielleicht nur ein Zufall, wenn Hauptmann und Schnitzler jetzt die stimulierende Kunst der Konvulsionen verlassen, so hat Nietzsche dies bewusst verlangt. Sein ganzer Hass gegen Wagner geht nur auf die Kunst aus Affekt, und als er mit ihm rang, war es der Zorn über sie, der ihn so grausam sich erbittern ließ. Er muss an dem, wie er einmal sagt, gemischten unreinen Charakter der Künstler furchtbar gelitten haben. Ich wüsste nicht, ruft er gepeinigt aus, warum fruchtbare Menschen sich nicht still und anspruchslos benehmen sollten; und sehnsüchtig denkt er an Menschen wie Moltke; und so widerlich sind ihm jetzt Künstler, die durch die Kunst menschlich geringer werden, dass er fast an ihr selbst zu zweifeln beginnt und auf Werke verzichten will, die der Künstler mit seinem Werte büßt: denn, sagt er, das Kunstwerk gehört nicht zur Notdurft, die reine Luft in Kopf und Charakter gehört zur Notdurft des Lebens. Und dann klagt er über das unbeschreibliche Unbehagen, welches so oft produktive Menschen um sich verbreiten, und klagt, wie sich ihre Umgebung an ihnen den Charakter und den Geschmack verdirbt, und setzt das mächtige Wort hin, das mir immer wie das Programm einer neuen Menschheit klingt: Große Menschen ohne Werke tun vielleicht mehr not als große Werke, um die man einen solchen Preis von Menschenseelen zahlen muß. In dieser Stimmung sagt er, misstrauisch gegen jeden Exzess geworden, der den schaffenden Menschen verstört: Alles Ausgezeichnete hat mittlere Natur. Und als hätte er mit uns die griechische Warnung vor dem Marsyas vernommen, einmal geradezu: Der starke freie Mensch ist Nicht-Künstler.«

»Der starke freie Mensch ist Nicht-Künstler«, sprach der Künstler nach. »Ja, darauf käme man hinaus. Darum sagte ich ja, dass es unfruchtbar ist. Denn wie wollt ihr die Künstler entbehren? Da ihr doch ihre Werke nicht entbehren könnt? Oder auch diese? Und der Stolz aller Kreaturen wäre nur ein Vorurteil gewesen? Mich schwindelt. In mir sagt es: du hast recht, und doch bin ich zerstört, wenn du recht hast.«

»Der starke freie Mensch ist Nicht-Künstler«,
wiederholte der Meister. »Aber vergiss nicht, dies
ist im Zorne gesagt, und nur Zorn ist es, der ihm in
uns zustimmt. Es gilt vom Künstler unserer Zeit,
von dem aus Affekt, nicht von den anderen, aus
Charakter. Und den aus Affekt, sollten wir denn
den wirklich nicht entbehren können? Um seiner
Werke willen nicht, meinst du. Wie aber, wenn
durch diese Werke der Konvulsion nicht bloß der
Künstler, nach dem wir am Ende nicht zu fragen
haben, geringer würde, sondern wir dies auch an
eben diesen Werken selbst fühlen und von ihnen
damit angesteckt würden? Ich höre, hat Nietzsche
gesagt, ich höre noch immer jedem Takte an, was
für Gebrechen der Musiker hat. Ist es euch nicht
ebenso mit Bildern, mit Gedichten oft ergangen?
Vielleicht ist es jetzt an der Zeit, einmal frei über
Hebbel zu reden. Die Nation hat lange sein Talent
verkannt; es war nötig, mit Leidenschaft hinzu-
zeigen. Aber jetzt, wo er nichts mehr zu fürchten
hat, wäre doch, um der Wahrheit willen, die dem
Deutschen über Pietät geht, einmal zu fragen, ob
man denn seinen Werken nicht den ängstlich ver-
wühlten schwachen Menschen überall anmerkt, der
sich darin vor sich selber aufspielt und sich zum
Glauben an sich selber exzitieren will? Ich begreife,
dass sich der deutsche Kaiser an ihn klammert, dem
offenbar auch Angst wird, wenn es still um ihn ist,
und der auch hofft, durch Tumult und indem er sich
an seinen Wirkungen aufregt, stärker, wenn nicht
zu werden, so sich doch im Augenblick zu fühlen.
Mensch aber, in welchen es hell und wohlklingend

ist, quält der Qualm seiner stickfiebernden Kunst, die, ein Bild zu gebrauchen, das er selbst einmal für ein trübes Dasein hat, wie ein Scheiterhaufen ist, der angezündet wird, während es regnet. Oder noch ein Beispiel: Kleist. Erinnert euch, wie ihr bestürzt wart, als es unserem Hofrat Burckhard vor einigen Jahren gefiel, den Prinzen von Homburg ein widerliches, nach Cäsarismus stinkendes Kommissknopfstück zu nennen. Ihr habt es mir damals sehr verargt, dass ich mich nicht mit euch über ihn erbosen wollte.«

»Ja,« sagte der Sammler, »weil, wenn du eben jemanden einmal gern hast –«

»So dachtet ihr,« fuhr der Meister fort, »ich weiß. Und wirklich, wenn ich jemanden einmal gern habe, und dies wie hier nicht nur aus Gefühl, sondern aus Einsicht in eine groß geborene, sich wahr erziehende, zum höchsten entwickelte Natur, glaube ich, wenn er sagt oder tut, was ich nicht gleich verstehen kann, ihm schuldig zu sein, dass ich seine Gründe höre. Ich sagte mir, so viel Artist, als die Reporter, die jetzt für Kleist trompeten, wird er schließlich auch noch sein und hat dazu, was den Ästheten fehlt: Urteil über das Menschliche. Tut mir aber den Gefallen und nehmt das Stück einmal in Ruhe durch, nicht auf die Metaphern hin oder die Energie der Darstellung, die nun freilich einzig ist, oder die Wut der Emotion, die es ausspeit, sondern indem ihr euch fragt, ganz einfach menschlich, wie man sich bei solchen Ereignissen im Leben fragt, ob ihr wünschen würdet, mit diesen Menschen, die der

Dichter zeigt, zu verkehren, und ob ihr nicht fürchten würdet, dadurch beschmutzt und grauslich zu werden. Stinkend hat es der Hofrat genannt, und man kann gar nicht besser sagen, was, wenn man es nicht mit der kleinen Lust des Artisten, sondern an der menschlichen Empfindung prüft, so darin beklemmt: Der schlechte Geruch und die verdorbene Luft eines kläglichen und krampfhaften Menschen, der vor Schwäche zappelt. Solche Werke regen auf, wie Gift. Besinnen wir uns im üblen Dunst und brenzlichen Dampf der ausgebrannten Explosion zum Ersticken schlecht, und ein freieres Geschlecht, das nicht mehr bloß die Gier der Nerven, sich aufzustacheln, regiert, wird sie, sei nur unbesorgt, gern entbehren können. Nicht aber die Kunst, nicht jene andere Kunst, die auch Nietzsche, vom ersten Zorne erholt, noch mit neuen Hoffnungen erfasst hat, die aus Charakter, die aus Fülle, die aus Freude reif und frei gewordener südlicher Menschen, welche er meint, wenn er von der gaya scienza der Halkyonier schwärmt und beglückt die leichten Füße, den Tanz der Sterne und die Lichtschauder des Südens lobt. Und wem fiele da, wenn er das ›glatte Meer‹ anruft, nicht ›diese Tiefe bei einer ruhigen Fläche‹ ein, die Schiller an Goethe fand? Nein, wir brauchen an der Kunst nicht zu verzweifeln, als wären die Menschen mit ihr verflucht. Es gibt auch eine, die segnet.«

Nun sagte der Arzt, pfiffig: »Es sollte mich wundern, wenn jetzt der Sammler nicht gleich toben wird.«

»Warum?« fragte der Planet.

»Warum?« wiederholte der Meister.

»Hast du nicht früher,« sagte der Arzt, »von deiner Kunst aus Charakter oder aus Fülle sprechend, die übrigens auch ich unserer neurotischen vorziehen würde, wenn wir gleich, wie Ärzte, ihr manches Geschäft verdanken, aber hast du da nicht unter ihren Merkmalen genannt, dass ihre Werke geringer sind als der Künstler?«

»Ja,« sagte der Meister, »und ich meine, es sei gerade dies, was sie so luzid macht, im Scheine der immer noch ungeschwächt ausstrahlenden Künstler, während hinter den anderen ein erloschener Mensch liegt.«

»Nun aber«, fuhr der Arzt fort, »hast du doch zu diesen Künstlern, die sich also in ihren Werken nicht völlig erreichen, auch Goethe gezählt. Soll dieser wirklich einer sein, dem es nie gelang, durch ein Werk sein ganzes Wesen darzutun? Und du springst nicht auf, Planet?«

»So war es ja wohl gar nicht gemeint«, sagte der Sammler.

»Doch«, sagte der Meister, »erschreckt nur nicht gleich, sondern macht einmal selbst die Probe, nehmt den Faust oder die natürliche Tochter, dann aber den Eckermann oder den Kanzler von Müller her und messt, was er dort ist, an dem, was er euch hier wird, wenn ihr ihn in den Gesprächen von Tag zu Tag immer reicher, immer lebendiger, immer wirksamer nach allen Seiten der Welt ins Unendliche sich entfalten seht. Glaubt ihr mir aber nicht, so ist noch sein eigenes Wort da, von seiner höchsten Zeit gesagt, der mit Schiller, in der doch, wie er an Zelter bekennt, ›im Grunde nichts der Kräfte, der Anlagen, der Absichten völlig Wertes herauskommt‹. Warum, wird in einem Schreiben an Schiller klar. Willst du mir, bitte, die Briefe mit ihm reichen, sie sind über dir, und nimm nur auch gleich den Zelter dazu.«

Der Künstler brachte sie, der Meister suchte, dann sprach er:»Hier. Schiller arbeitet eben am Wallenstein und klagt, er habe jeden Tag der glücklichen Stimmung mit fünf oder sechs Tagen des Drucks und des Leidens zu büßen, durch den Anteil an seinen Gestalten leicht erschöpft und in Unordnung gebracht: ›Das pathologische Interesse der Natur an einer solchen Dichterarbeit hat viel Angreifendes für mich.‹ Darauf antwortet Goethe: ›Ich kann mir den Zustand Ihres Arbeitens recht gut denken. Ohne ein lebhaftes pathologisches Interesse ist es auch mir niemals gelungen, irgendeine tragische Situation zu bearbeiten, und ich habe sie daher lieber vermieden als aufgesucht. Sollte es wohl auch einer von den Vorzügen der Alten gewesen sein, dass das höchste Pathetische auch nur ästhetisches Spiel bei ihnen gewesen wäre, da bei uns die Naturwahrheit mitwirken muss, um ein solches Werk hervorzubringen? Ich kenne mich zwar nicht selbst genug, um zu wissen, ob ich eine wahre Tragödie schreiben könnte; ich erschrecke aber bloß vor dem Unternehmen und bin beinahe überzeugt, dass ich mich durch den bloßen Versuch zerstören könnte.‹ Schiller, der diese Furcht, das innere Wohlsein zu lädieren, aus welcher Goethe lieber einer Wirkung entsagen und sich bescheiden will, offenbar gar nicht versteht, deutet es sich auf seine Art und entgegnet: ›Eine gewisse Berechnung auf den Zuschauer, von der sich der tragische Poet nicht dispensieren kann, der Hinblick auf einen Zweck, den äußeren Eindruck, der bei dieser Dichtungsart nicht ganz erlassen wird, geniert Sie, und vielleicht sind Sie gerade nur deswegen zum Tragödiendichter weniger geeignet, weil Sie so ganz zum Dichter in seiner generischen Bedeutung erschaffen sind.‹ Zelter, der nach Jahren diese Briefe liest, greift darin Goethes ›eine Tragödie zu schreiben‹ auf, es schockiert ihn, dass man eine Tragödie schreibe: ›da man nicht machen kann, was man muss geschehen lassen.‹ Niemals hat man einfacher gesagt, was jene Kunst von dieser trennt, jene aus Effekt, die sich immer von außen erst einheizen muß, von dieser aus Natur, die ein lautloses Blühen und Fruchten ist: jene macht, diese lässt geschehen. Jene mutet sich im Taumel trunkener Stunden alles zu, diese niemals mehr, als ihre Natur trägt. Wie denn Goethe, so von Schiller als von Zelter zum Tragischen aufgefordert, es ruhig ablehnt: ›Ich bin nicht zum tragischen Dichter geboren, da meine Natur konziliant ist; daher kann der rein tragische Fall mich nicht interessieren, welcher eigentlich von Haus aus unversöhnlich sein muss, und in dieser übrigens so äußerst platten Welt kommt mir das Unversöhnliche ganz absurd vor.‹«

Hier schwieg der Meister, aber er schien bei sich noch weiter zu lesen. Dann sagte er: »Ja, was folgt, gehört nicht mehr dazu, aber ihr mögt es dennoch hören. Es scheint, als hätte Goethe noch mehr zu sagen, aber er beherrscht sich und schließt es mit den Worten ab: ›Ich darf nicht fortfahren, denn im Lauf der Rede könnte man doch abirren, und das wollen wir vermeiden.‹ Bei unsern Gesprächen über Fragen, die uns bekümmern, wird nämlich auch mir oft, als kämen wir zu weit. Es geschieht leicht, dass man, um deutlicher zu sein, mehr sagt oder es heftiger sagt, als man doch eigentlich besonnen verantworten kann, und von den eigenen Worten oft über sich hinausgerissen wird. Nun freilich, wer dies scheut, schweige lieber ganz. Indem wir zu reden beginnen, fälschen wir ja schon. Was wir aussprechen, ist schon nicht mehr wahr. Was es übrigens, wenn es uns nur hilft, doch auch gar nicht zu sein braucht.«

Der Meister legte die Bücher weg. Dann, um zum Thema zurückzukehren, sagte der Sammler: »Solcher Stellen sind genug bei ihm. Ich erinnere mich, dass er, auch an Zelter, der auf die neumodische ›überfüllte‹ Musik schilt, einmal schreibt, alles sei jetzt ultra, im Denken wie im Tun, niemand kenne sich mehr, niemand begreife sein Element; und solcher Warnungen, niemals das Talent zu forcieren, ist kein Ende. Wie über die Brüder

Schlegel, die sich zwangen, mehr zu wirken, als sie vermochten, oder über Adam Müller, den er ein recht hübsches, aber falsch gesteigertes Talent nennt. Übrigens wären mir für deine Trennung der Künste nach Affekt oder Charakter seine Namen lieber, und ich würde von jener zu sagen raten, sie sei forciert, von dieser, dass sie elementar ist. Im eigenen Element zu bleiben, hat er unablässig gefordert und hat keinem verziehen, der sich je vermaß, mehr aus sich zu machen, als ihm von Natur aus vergönnt war. Darin hast du freilich recht. Er hätte sich auch keinen Augenblick bedacht, den Marsyas zu schinden, wenn wir nun schon einmal diesen in deinem Sinne nehmen wollen.«

»Siehe Kleist«, sagte der Meister. »Vergleicht, wie er sich gegen Eckermann oder Zelter betrug und wie gegen diesen, den ich noch einmal nenne, als Antwort auf die bösen Gesichter, die ihr mir früher vor Verdruss geschnitten habt. Jene hat er zärtlich an sich gewärmt, diesen schroff verjagt. Er hätte ihn vielleicht retten können, aber sein ›Schauder und Abscheu‹, so starke Worte wählt er, war zu groß, und in seinem Tagebuch lesen wir einmal, was es ihn kostet, sich zu trösten ›über den Kleistschen Unfug und alles verwandte Unheil‹. Er wäre Goethe nicht gewesen, hätte er die Grimasse ertragen können. Dagegen er jedes kleine Talent, wenn es nur züchtig war, zärtlich gehegt hat, weniger auf den Grad als auf das Wesen der Begabung sehend, die ihm nur als das Echo einer innigen und einigen Natur galt. Wie er denn von

Byron einmal bewundernd gesagt hat: ›Zu seinen Sachen kam er wie die Weiber zu schönen Kindern, sie denken nicht daran und wissen nicht wie.‹ Und wie ihm selbst, nach Schillers Wort, gewährt war, dass er nur leis an dem Baume schütteln durfte, um sich die schönsten Früchte, reif und schwer, zufallen zu lassen. Dies aber wollen wir nicht nur an seiner Kunst, sondern ebenso an seinem Leben preisen, dessen Weihe war, dass es sich nichts ertrotzt, alles gewonnen hat.«

»Gewonnen sagst du?« fragte der Künstler. »Gewinnen! Es klingt fast nach Lotterie.«

»Die es ja schließlich auch ist«, fiel der Meister ein. »Setze dich ein, und wenn es dir glückt, kriegst du dich tausendfach zurück.«

»Wenn es mir glückt«, sagte der Künstler.

»Ja dies«, sagte der Meister, »müssen wir nun freilich dem Schicksal überlassen.«

»Und hätten«, spottete der Künstler, »mit verschränkten Armen, Bein um Bein geschlagen, dumpf geduldig nur zu harren, bis uns die Gunst der Götter ruft? Zu solchen Türken willst du uns machen? Um nur unsere kostbare Ruhe und das Heil der ungestörten Seele nicht zu gefährden, um uns nur nicht aufzuregen, wovor du dich plötzlich so zu fürchten scheinst!«

Der Meister lächelte: »Gleich wirst du mich jetzt zu Grillparzer und Stifter werfen!

Eines nur ist Glück hienieden,
Eins: des Innern stiller Frieden
Und die schuldbefreite Brust!

Nein, so weit bin ich noch nicht, die Gesinnung
der Pensionisten will ich nicht predigen. Aber: Bein
um Bein geschlagen, wie du sagtest, das gefällt mir.
So hat sich unser Herr von der Vogelweide geschildert, der auch kein Türke war, und dieses stille
Lauschen mit gefasstem Sinn scheint mir die
Haltung, die dem wahren Künstler gebührt. Wobei
mir denn wieder geschehen ist, wahr zu nennen,
was ich wünsche. Aber glaube nur nicht, dass ich,
alternd, undankbar gegen den Rausch geworden
bin und die Lust der Wallungen nicht mehr kenne.
Ich weiß das Glück der Ekstasen noch, wenn plötzlich unsere Sinne schärfer sind, unser Wille fester,
unser Geist rascher, alles um uns versammelt und
bereit steht und wir nun erst fühlend zu vernehmen
glauben, was es mit uns und der Welt auf sich hat:
Die Sonne scheint uns wie zum ersten Male, die
Erde glüht, der Wind riecht, ein tiefes Summen und
ein helles Klingen ist um uns, in uns und große
Stimmen werden laut, mächtige Zeichen glänzen.
Ich erinnere mich schon noch, nur habe ich jetzt
gelernt, wie furchtbar es büßt, wer nicht die Kraft
hat, sich die Gnade der seligen Stunden auch zu
bewahren. Ihr verliert sie, das ist euere Kunst, die
mit wilden Händen nach dem Augenblick greift
und nur einen Fetzen behält. Ich aber will nichts,
was ich nicht mir anzueignen stark bin. Drastisch
gesagt: Ihr speit, was euch zukommt, vor Hast

gleich wieder heraus, ich verdaue, bis es mit mir verwächst und mein Blut wird. Auch ich weiß, dass, wer schaffen oder tun soll, keine Gefahr scheuen darf, wenn es die heilige Wut des Empfangens gilt, dass jeder durch das Feuer der Leidenschaft muss. Ihr aber springt über die Flamme und habt euch am Ende nur die Zehen verbrannt, statt ruhig darin zu glühen, bis, wenn sie verlischt, ihr Glanz und alle Glut in euer eigenes Metall gedrungen ist. Düngt euch mit Aufregung, ja! Dann aber steht der Bauer und harrt, bis die Erde will. Mit allen Bildern werdet ihr es nicht erjagen, wird euch nicht gewiss, dass es ein anderes ist: empfangen; ein anderes gebären. Ihr aber schmeißt den Samen in den Wind, der verstreut ihn, das sind eure Werke.«

»Ja,« sagte der Sammler, »wer nun aber immer wüsste, wie man glüht, ohne zu verbrennen.«

»Da sind wir nun,« erwiderte der Meister, »wo ich euch will. Am Ende kommts doch immer nur darauf an, dass einer wisse, welche Hitze er vertragen kann. Goethe hat gewusst, dass ihn der tragische Grad zerstören würde. Darum hat er sich enthalten, instinktiv gewarnt, wie denn die Natur uns immer ein Zeichen gibt, wenn sie sich bedroht fühlt. Ein solches Signal ist die Grimasse, die den Menschen, das Volk verzerrt, wenn sie sich zu Werken oder Taten, welche ihnen nicht gemäß sind, übernehmen wollen. Seht ihr ein Werk oder eine Tat um den Preis der Grimasse erkauft, so ist es immer ein Zeichen, dass der Täter daran ist, sich zu zerstören. Glaubt doch nicht, dass die Menschen die Schönheit lieben, weil sie gefällt: Sie ist mehr als eine Lust der Sinne. Sie ist unser höchstes Gesetz, denn sie ist unser Maß, das zeigt, wie weit wir dürfen. Sie wacht über uns, und wer sich gegen sie vergeht, hat sein Leben verwirkt. Die Grimasse ist ein Zeichen des Todes. Und ob ein Mensch, ein Volk, eine Zeit zu den guten oder zu den schlechten gehören, ob sie gesegnet oder verdorrt sind, ob sie wirken oder scheinen, seht ihr daran, ob sie die Zeichen der Natur erkennen.«

»Und so wäre dir«, fragte der Künstler, »schön sein mehr als Schönes tun?«

»Lieber,« sagte der Meister, »betrüge dich doch nicht: man tut nur, was man ist. Die schöne Tat, das schöne Werk ist nur die Erscheinung des schönen Menschen. Die Form ist nur der Schatten des Wesens. Deine Hand ist leer, wird sie nicht aus dir selbst gefüllt. Wie du sie auch ballen und die Finger verkrümmen magst, es kommt doch auf. Du hast nicht mehr, als du bist. Und wen willst du täuschen? Streich dein Werk in allen Farben an, morgen springt der Lack, und es kommt auf. Willst du die Natur überlisten? Sie rächt es an dir selbst.«

»Aber,« fragte der Sammler, »scheide die Grimassen aus, und wie viele Werke, wie viele Taten bleiben von unserer Zeit?«

»Willst du den Wert einer Zeit«, sagte der Meister, »an der Zahl ihrer Werke messen? Ist dir, wer verschwendet mehr als wer sich bewahrt? Was bleibt, was das nächste Geschlecht brauchen, wovon es leben kann, nur dieses wird gelten. Große Zeiten sparen für die Erben. Die fortwirkende Kraft, die sie hinterlassen, ist es allein, wodurch uns Zeiten und Männer groß sind. Denkt an den größten, denkt an Leonardo! Wie wenig hat er ausgeführt! Habt ihr nie nachgedacht, warum? Wir haben einen Brief des Fra Petrus Nuvolaria an Isabellen von Este, worin er bitter über Leonardo klagt, von dem, was immer er versprechen und wie hoch er es beteuern möge, nichts fertig zu bekommen sei; ›es scheint,‹ sagt der Karmeliter, ›er lebt nur in den Tag hinein, zum Malen hat er keine Geduld, er zieht die Geometrie vor.‹ Glaubt ihr, wirklich? Und der größte Mensch, den wir noch kaum erraten und eine höhere Menschheit erst erkennen wird, wäre faul gewesen? Aber in der Tat: er hat das meiste nicht ausgeführt. Warum? Darüber sagt er selbst einmal das geheimnisvolle Wort: l'ordinare è opra signorile, l'oprare è atto servile. Dies heißt: Wenn er künstlerisch empfing, hat er sich als Herrn gefühlt, im Ausführen knechtisch. Mit einem wahren Hass, dem man die Gefahr des Lebens anmerkt, vor der er sich wehrt, ist das gesagt, fast wie die Griechen das Geschäft des Künstlers verachtet haben. Er hat gefühlt, wie diese, dass, wer unfähig ist, sich im Tun so weit zu mäßigen, als es die Sicherheit der eigenen Natur verlangt, dies mit sich bezahlen muss. Darum, statt mit Werken zu prahlen, war er besorgt, niemals mehr zu geben, als er entbehren konnte, ohne zu verarmen. Und versteht ihr jetzt auch, was ihn anzog, solche Grimassen aufzuzeichnen? Als Warnung für sich selbst vor der Gefahr der Kunst, um sich von Werken abzuschrecken, wie sie dem Künstler drohen, von welchen er, geschwächt und gewaltsam verzerrt, zurückgelassen wird.«

Der Meister schwieg, dann nahm er ein solches Blatt des Leonardo, von wüsten und schrillen Köpfen voll, und sprach zum Sammler: »Willst du mir es lassen?«

»Gern«, sagte der Sammler.

Aber der Meister wendete sich zum Künstler und sagte: »Dir, Lieber, soll es gehören, für dich ist es. Ich möchte, dass du es bei der Arbeit vor dir hast. Unten aber schreibe ich dir hin, was Ovid Athenen sagen lässt, nachdem sie, aus Furcht um ihre Schönheit, vor der Grimasse entsetzt, die entstellende Flöte weit von sich geschleudert hat.«

Der Meister schrieb, dann las er es vor:

»Ars mihi non tanti est; valeas, mea tibia.«

Und er lächelte, sah den Künstler an und wiederholte noch einmal: »So viel gilt mir die Kunst nicht! Flöte, Adieu!«